慢旅。台灣

尋味訪古｜跟著深度旅行家馬繼康遊台灣｜

山林挖筍、蓮田採藕，到產地品嘗食材的新鮮滋味；

踏山尋梅、緣溪步行，體會多元文化共譜的深厚歷史，

透過 10 條深度旅遊路線，和馬繼康一起放緩步調，行腳台灣，

慢慢來，才能看見好風景。

作者——馬繼康

換個角度，感受台灣的多樣之美

因為疫情的關係，所以也許心甘情願，也許逼不得已，因為無法出國，只能留在台灣國內旅遊，但明明身在台灣，卻又心懸他鄉，因此常常搞出「偽出國」的名詞，弄出許多四不像的景點，美其名是多元文化融合，事實上則是根本不知道為何而來，其實台灣就是台灣，國外就是國外，如果你每天都在拿自己的女友跟林志玲比，那麼就永遠看不出女友的優點。

如果用一句話形容台灣，那就是多元，人文、氣候、地形、生態、物產應有盡有，雖然不是最大，但卻精采無比，不過總有許多人覺得外國的月亮比較圓，而忽略了我們自己所擁有的，很多人走遍了世界各地，但對自己的土地卻最不熟悉；嘴巴說愛台灣，卻搞不清楚南港與北港的差別。我用腳愛台灣，愈走愈覺得這塊土地的美好。

若以書中這些主題來玩台灣，而不是花蓮三日遊、清境二日遊類似蒐集點數的安排，對台灣可能會有另一種不同的欣賞，如果你沒發現這個地方的美，那可能是你還沒找到最好的角度。

其實我帶團的時候，抱持的心態就是與大家分享旅行中曾經遇見的感動，因為找到感動的因子，所以帶隊過程總不厭其煩地導覽解說，介紹每趟旅行的理性與感性。一直相信：「先要感動自己，才能感動別人。」因為很難想像，一個連自己都不會感動的地方，又怎麼能讓跟團的團友得到全新的感受呢？

透過旅行找到生活能量，經由旅行找回生命熱情，我不只是個領隊，而是個分享與傳遞生活態度的旅行者。所以奉勸大家，與其在電視機前看鬼打架的政論節目，讓自己的心情向下沉淪，不如關上電視，行腳台灣，使生活的快樂向上提升。經由接觸理解，看到台灣的生命力與多樣性，也讓自己充滿了正能量。

馬繼康

CONTENTS 目錄

美食尋味地圖

茗茶求好／大家來找茶
山林追竹／踏訪立竹之地
無獨有藕／白河尋蓮啟事
秋收很慢／縱谷黃金海

伯朗大道

大家來找茶

茗茶求好

若要選出一項足以代表台灣的飲料，
這個「國飲」的寶座應該毫無疑問地該由「茶」來獲得！
速食業者有黃、綠、紅三種不同沾醬，
而我也把茶葉區分為黃、綠、紅不同的色澤與味道，
速食可以少吃，但茶可以多喝。
好東西與好朋友分享，就跟著我來一趟品茗之旅吧！

第一日

苗栗銅鑼賞杭菊 → 鹿谷茶藝、製茶流程簡介 → 麒麟潭、凍頂山（尋訪凍頂烏龍茶） → 製茶體驗：浪菁、室內萎凋、發酵過程 → 觀摩體驗：茶葉殺青（炒茶）揉捻、初乾製茶過程

第二日

鹿谷小半天 → 日月老茶廠 → 三育基督學院

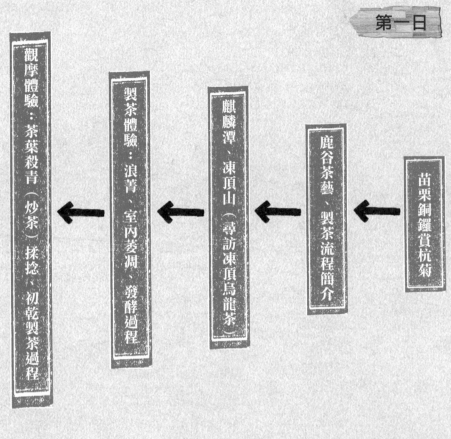

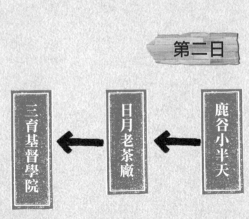

· 採菊東籬下

若要選出一項足以代表台灣的飲料，這個「國飲」的寶座毫無疑問地該由「茶」來獲得吧！雖然現在很多年輕人只喝咖啡不喝茶，因為茶似乎代表著傳統、舊式思維，和年輕人標榜喝咖啡的品味、新潮似乎搭不上線，滿街時尚的咖啡店，似乎也超過了喝茶店。但看看那台灣整體超過五百億元的飲料市場，各式各樣的瓶裝茶飲料卻又占了飲料市場的百分之四十二以上，而且二十五到三十四歲的消費者是購買的主力，年輕人真的不喝茶嗎？市調似乎又透露出和認知不同的訊息。

相傳茶的由來是神農嚐百草後感到不適，見到一種開白花的植物，摘下嫩葉咀嚼後而治好。到商周時期，茶不僅被當作藥物，而且開始成為飲料，因此後人便開始有喝茶的習慣。台灣茶發展至今已有兩百多年，在秋風起的時候，各種好茶也隨之上場。速食業者有黃、綠、紅三種不同沾醬，而我也把此時的茶葉區分為黃、綠、紅不同的色澤與味道，速食可以少吃，但茶可以多喝，對身體也有益處。好東西當然要跟好朋友分享，這也正是我規劃茶文化之旅的想法。

找茶第一站

銅鑼賞杭菊（黃）

我的茶之旅大都在每年十一月開催，這個月份是首站的「黃」茶，就是苗栗銅鑼杭菊的開花季。杭菊就是我們一般拿來泡菊花茶的種類，但若實事求是，杭菊不能稱作茶，通常是和其他的茶葉混合沖泡，例如最普遍的普洱菊花茶，便是用淡淡幽遠的花香來替普洱增色提味，當然單泡菊花，加上些許冰糖或蜂蜜，也是口味絕佳的飲品。正因為杭菊跟茶的淵源頗深，因此被我拿來作為黃綠紅找茶之旅的第一站。

菊科的植物族繁不及備載，不管從平原到高山都很常見，且菊花向來與梅、蘭、竹並稱四君子，典雅清新的樣貌向來為人所歌詠。東晉陶淵明寫下「採菊東籬下，悠然見南山」而明心志，我站在九湖台地，拿著相機，搭配著遠方的低矮丘陵，看著高速公路上忙碌的快速車潮與疾駛而過的山線列車，還真有一番「結廬在人境，而無車馬喧」的況味。

轉瞬即逝的燦爛杭菊

杭菊栽種一般來說於每年清明節開始，一直要到秋天後才開始含苞待放，花期大約只

・九湖台地杭菊

有三週。古話說曇花一現，杭菊雖有三週的花期，但在忙碌現代人的作息中，大概也是糊里糊塗地就逝去了吧！所以時間看似長卻又非常短暫。而花農們為了這三週的燦爛，也得悉心照顧，提心吊膽將近半年，才有眼前這一畦畦的成果。

台灣早期杭菊尚能自產自銷，但如今在中國的杭菊強勢入侵下，大概只剩下苗栗銅鑼的九湖台地才有栽種。杭菊在開花之後，便得以人工方式一朵朵摘取，再經過烘乾等過程，才會成為我們所見到的菊花茶。據當地花農說，四公斤的杭菊，能烘出約一台斤的菊花茶，可見其花朵豐富的含水量。

大家在農莊裡喝著原味或碳焙的菊花茶，原本該長滿杭菊的田地，今年則換上了大而鮮豔的綠肥波斯菊，花農說：「這塊地種了三年

・金菊

了，要讓土地休息一下。」土地需要休息，那麼人工作了那麼久，是不是偶爾也記得要休息一下呢？喝口茶，再上吧！

找茶第二站 綠 鹿谷凍頂山品茗

結束「黃」的行程，動身轉往南投茶鄉鹿谷，繼續尋「綠」吧！全台最出名的「凍頂烏龍茶」，就是產在鹿谷凍頂山，據說是因為先民早期無鞋可穿，寒冬時必須「凍著腳尖上山頂」而得名，而烏龍茶則相傳為清朝咸豐年間，鹿谷「林鳳池」赴福建應試，高中舉人，還鄉時，自武夷山帶回三十六株青心烏龍茶苗，其中十二株種在凍頂山，而成為著名的茶鄉。

做烏龍茶是項極為辛苦的工作，茶農告訴我，茶葉要好喝，從採茶開始就需要全神貫注，要以人工採收的方式才能有完整的一心二葉，做出來的茶葉才會漂亮；機器以齊頭式採收，常夾雜粗梗，品質當然不好。我好奇人工採收一整天下來難道手都不會痛嗎？仔細一瞧，原來採茶婦的手上裝有「傢俬」（台語：器具），銳利的刀片飛快地舞動著，像極了武俠小說裡的隱世高人。

滿室的醉心茶香

一片片的「樹葉」怎麼變身成回甘的茶葉呢？茶菁裡的成分，有些利於成茶的品質，有些則不利，做茶當然就是去蕪存菁，變成色香味俱全的優質品。首先採好的茶菁要先利用陽光加速水分的蒸散，減少細胞水分含量，而茶

物・茶 VS.菊

依照發酵程度不同，茶分為不發酵茶、半發酵茶及全發酵茶，色澤上也有綠、白、黃、青、黑、紅茶之分。而事實上，杭菊也有很多種顏色，包括白色、紫色、黃色或粉紅，顧名思義原產地為杭州，所以才有了個如此典雅的名字。

・綠意盎然的茶園（圖片提供／楊志雄）

▲採茶收成　▼採摘一心二葉

菁靜置「走水」萎凋，可使葉中水分繼續蒸發，再加上多次攪拌，破壞茶葉葉緣細胞，使茶菁繼續進行發酵。

接下來的炒青，是以高溫快速破壞茶葉中的酵素活性，抑制發酵，讓茶葉品質穩定。這道工序有時要在半夜進行，因為茶葉發酵是不等人的，要隨時查看茶葉的狀況，再決定下一步驟。當茶農帶我到茶房時，那滿室的茶香，真是領略到不喝酒也會醉的「茶醉」。

茶鄉．茶香

鹿谷果然是茶鄉，占地兩百坪的茶葉文化館，一樓大廳是鹿谷鄉農會農特產品展示中心及門市部；二樓分為茶業文物展示廳、茶藝教室及簡報中心；三樓是綜合農林業展示中心，保存許多鹿谷鄉農業、茶業發展史蹟與文物。

許多「巷仔內」的行家，在這個季節，就像候鳥般地準時上山找茶。農會每年也都舉辦茶葉比賽，得到冠軍的茶有時有行無市，動輒一斤幾十萬。什麼叫做好茶？見仁見智，對我來說，茶的滋味不在於價格，只要適合自己，更重要的是有三五好友品茗言歡，那就是好茶！

找茶最終站 (紅) 日月潭的魚池紅茶

「紅」的行程自然是找紅茶囉！其實全世界不僅台灣人喝茶，其他國家也有喝茶習俗，但沒有台灣這麼多樣性，外國人喝茶多是紅茶，選擇性較少。

有些人訝異台灣竟然也有紅茶，台灣早在一百年多前即用本地種植的小葉種來生產紅茶，但滋味不夠香醇；到了日據時期，才從印度引進著名的「阿薩姆紅茶」大葉種茶種來台種植，並派遣茶葉專家遍訪全台各地，綜合地理環境、土壤、氣候及當地茶葉製造品質條件，最後選在日月潭旁水社村的貓囒山上設置了「台灣總督府中央研究院魚池紅茶試驗支所」，也就是現今行政院農業委員會茶業改良場魚池分場的前身。站在場區內居高臨下，鳥瞰附近的丘陵地，滿山遍野的紅茶，讓我想到曾經去過的印度大吉嶺與斯里蘭卡錫蘭的紅茶區，景色如出一轍，空氣中一樣彌漫著紅茶特殊的厚重香氣。

魚池紅茶產業曾經盛極一時，當年是台灣外銷主力之一，也是日本人向天皇進貢的「御用珍品」，曾在國際市場上叱吒風雲，並與錫蘭紅茶、大吉嶺紅茶相提並論。

· 一畦畦的杭菊

以前長程火車上所提供的「日月紅茶」茶包，就是這裡的產品，但後來由於世界紅茶價格下滑，再加上台灣勞工成本增加，因此成為黃昏產業。921地震後，這個危機反倒變成魚池紅茶的轉機，許多年輕人返鄉歸巢，重新用新的想法灌入在紅茶產業中，包括有機栽種、觀光休閒、行銷包裝，使得魚池紅茶再度活絡起來，也重新被大家所認識。

日月茶廠・買一份純淨的生活態度

日月老茶廠就是這麼一個例子。日月老茶廠前身是農林公司所建的魚池茶廠，曾經盛極一時，在西元二〇〇四年開始著手動工改造，將原本傳統的茶廠，轉型成為觀光與教學兼具的空間，這樣的迎合時代轉變，也讓日月老茶廠開始有了新的生機。目前主要生產「阿薩姆」和「紅玉」兩種紅茶，都是採用有機方式栽種，這裡不但可以參觀整個製茶的過程，也提供導覽、茶葉鑑賞、茶藝知識等服務。人數夠的話，更可以預約二樓的蔬活餐，全部都是用在地的有機食材製作而成，茶廠不只是賣茶，更販賣一種天然純淨的生活態度。

唐代詩人盧仝的《七碗茶歌》精彩描述品茶的絕妙感受：「一碗喉吻潤。兩碗破孤悶。三碗搜枯腸，惟有文字五千卷。四碗發輕汗，平生不平事，盡向毛孔散。五碗肌骨清。六碗通仙靈。七碗喫不得，惟覺兩腋習習輕風生。」凝望著水杯裡如琥珀色的紅茶，餘韻落喉，餘香猶存，找茶、看茶、喝茶真是個有益身心的好活動！

· 製茶廠

冰友，作伙來飲茶喔！

茶這種飲料真是進得了廳堂，下得了廚房，可以是庶民的草根文化，比如說俗語的開門七件事「柴米油鹽醬醋茶」，說明了生活中不可或缺的地位；也可以是精緻的文化，像是文人雅士們「琴棋書畫詩酒茶」的其中一個消遣。台灣的文化裡有句「來阮兜奉茶」，「奉茶」代表著台灣人的熱情好客與親切，往往在最需要補充水分時，瞥見路邊有張紅紙條寫著「奉茶」兩字，一只大茶壺，就像及時雨般地解渴。台灣的庶民茶文化，不像日本茶道那樣講究，我到中南部鄉間，行至廟埕前，有茶、有桌、有椅，自然就有喝茶聊天處，一句「少年耶！來飲茶喔！」即使是陌生人也沒關係，只要相聚，就可以泡茶開講，聊久了，就會是朋友。

在人口擁擠的都市裡，我問過許多朋友，若是在路口店面看到奉茶，你敢喝嗎？十位裡面有七位不敢，原來喝茶也反映出人與人之間情感距離與信任度的淡化。現代人應該不是不喝茶，而是不喝浪費時間的茶，在講求速度效率的今天，連好整以暇坐下來泡壺茶的時間都沒有；而現今流行的加味茶，也反映出現代人多變的口感。

古人用「一盞茶」來計算時間，真正是多久不知道，但那不重要，在乎的是先心平氣和地喝杯茶，心靜了才好談事情。而細品一盅茶，箇中滋味攪動舌間，茶葉還是要喝現泡的，因為它不只是飲料，更重要的，是背後那份人情味與閒適自得的心情，這才是茶文化的精髓與感動所在。而且喝茶不能趕，因為一口為喝，三口為品，要以嗅覺、味覺、視覺來感受，這又是喝茶的另一境界了！

· 茶簍

踏訪立竹之地

山林追竹

台灣是個美麗的寶島，
擁有多樣且豐富的天然物產，早期先人惜物知福，
懂得善用自然界的產物來解決日常生活問題，
特別是從頭到尾都有用途的「竹子」，
更是早期生活不可多得的好幫手。

第一日

竹山 ← 青竹文化園區 ← 青窯（認識台灣黑金） ← 紫南宮

第二日

長源圳竹林生態步道 ← 享用大竹筒餐、放竹筒炮 ← 溪頭森林遊樂區

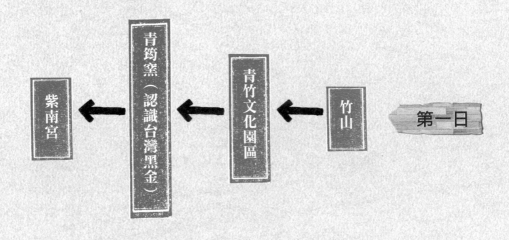

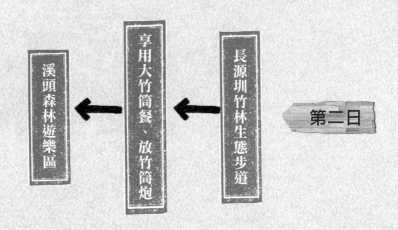

台灣是美麗的寶島，這樣的豐富性尤其呈現在多樣的物產上，早期的先人惜物知福，所以使用這些物產來解決日常生活問題，提到其中的佼佼者，應該算是竹子，不只易於種植，且從頭到尾都有用途，是早期生活不可多得的好幫手。

台灣的氣候相當適合竹子生長，從全台灣各地有關竹子的眾多地名便知分曉，像是桃園蘆竹、彰化竹塘、嘉義竹崎與義竹、高雄路竹，這些地名的由來都是跟竹子相關，但其中最重要的應該要算是南投竹山，以往勞力密集的傳統產業雖然已經式微，但更多以竹為本的創意產業卻因應時代變化而生（像是精緻家具），又為竹子帶來不同的時代價值。

來到竹山，與竹子有關的東西很容易就能從沿路招牌映入眼簾，竹筍番薯包、竹筒餐就不用說了，路旁的商家也在販賣當季的竹筍，或是浸漬在罐子裡的各類竹筍製品。從綠竹筍、麻竹筍，再到冬筍，竹山一年到頭從不缺筍子，果然不辱竹山響噹噹的名號，不同竹筍也有不同口感與作法，滿足每一張挑剔的嘴。

青竹文化園區・賞竹、吃竹、玩竹

想要在短時間內，跨越時間與空間欣賞眾多竹子，似乎也不是件容易的事。在竹山的青竹文化園區卻能多個願望一次滿足。青竹文化園區草創初期，剛好是國內的竹產業市場被中國的廉價竹藝品大舉進攻之際，透過轉型，希望結合生產、生態、生活的產業型態，讓產業能夠得以延續下去。全世界竹子種類約有一千兩百多種，這裡就占了一百二十種，在專業園區導覽員的解說下，是趟感性及知性的旅程。

▲林中的松鼠　　▼葫蘆竹

· 竹林成海

園區中的建築皆以竹子搭砌而成，在這裡參觀最好跟著導覽人員邊走邊聽解說，這樣才不會入寶山卻空手而回。我們很多對於竹子的既定印象，都會在這裡被一一打破，例如竹幹摸起來不見得都是圓形的，像是四方竹，長得愈大摸起來愈有四四方方的感覺，還有跟葫蘆一樣，有曲線造型的葫蘆竹；竹子也不見得都是空心的，像是印度實竹，外表與一般竹子無異，但剖開一看才發現裡頭竟然是實心的；也不是所有竹子都是綠色，像是熊貓愛吃的金絲竹，金黃夾雜綠色，還有黑色的黑竹；不是所有竹子都節節「高」升，短節泰山竹雖然還是往上長，但節與節之間是標準的矮肥短。

真是什麼都有，什麼都不奇怪。不過當大家看到又細又長的竹子時，竟不約而同回憶起小時候因為考試考不好或不守規矩，手掌心吃的那一條條的竹筍炒肉絲。

走累了，口渴了，坐在竹棚下喝口水，這裡的水是經過竹炭過濾的水，杯子是竹炭加玉米粉做成的，用來盛水有二度潔化的功效，竹炭杯會被自然分解，環保又實用。竹炭裡有微小的孔洞，有極強的吸附效果，可調節空氣濕度，當周圍環境濕度較大時，能吸收水分，當環境變乾燥時，又可以釋放水分。

青竹文化園區內有一座竹窯，竹窯能生產各式各樣的竹炭製品，如：竹炭片、食用級竹炭粉、竹醋液及各式竹炭粉添加食品如：竹炭米香、竹炭水餃、竹炭麵及竹炭冰淇淋等，豐富而多樣。

紫南宮，讓你笑顏「竹」開

參觀完青竹文化園區，便前往距離不遠

的竹山紫南宮。這座廟宇拜的是土地公，廟名也跟竹子毫無關連，那為何會將這裡排入行程中呢？原來這裡有間五星級廁所，設計師的設計概念，來自於從土中剛冒出來的筍子，外表造型呈現出在地風格，讓人一目了然。這座竹筍廁所耗資三千八百八十萬，裡面裝有冷氣不稀奇，還有流水噴泉造景，同時用水聲來避免如廁時的尷尬。廁所裡也不時會舉辦音樂會，實在是氣質與眾不同的廁所。紫南宮的特別並不只是呈現在廁所上，它跟大甲鎮瀾宮一樣，算是極有創意的廟宇之一，用行銷包裝的手法推銷自己。這間土地公小廟，在創意發想下，搖身一變成為具全國知名度的廟宇，當真印證「廟不在大，有神則靈」的說法。到底這座香火綿延不斷的廟，是用什麼方式來經營的呢？

原來這是間求財廟。發財人人都愛，尤其

· 紫南宮的五星級廁所

是台灣人。紫南宮雖然事事可求，但多半來此的目的還是來求財。因此在市場區隔明確下，各地的信徒紛紛不遠千里來此參拜。不只是拿香拜拜求發財而已，廟方規劃了一連串參拜的SOP流程，讓人嘖嘖稱奇。首先需奮力擠過人牆，來到土地公前，向土地公虔誠地說出心中願望後擲筊，如果第一次就是聖筊，那麼你可以向土地公借到發財金六百元，如果第二次才成功，那麼發財金就遞減一百元，也就是說如果擲了六次都是笑筊，表示你衣食無缺，土地公認為你根本不需要發財金，便把機會讓給更需要的人，只是不知道借不到錢的信徒心裡是會更惜福？還是覺得土地公不靈驗？

到借發財金的窗口更是專業，分為借款與還款，憑自己的證件，廟方會將發財金放在紅袋裡，再回到主爐繞三圈；記得留著發財袋，

事・土地公揪甘心

廟宇本來就是地方中心，因為帶來人潮，紫南宮周邊也衍生出許多名特產攤位，拜拜完順便拚經濟，提供不少就業機會；而更甘心的是，寺廟所在地的社寮里三所國中小學子弟的學費及營養午餐費都由廟方負擔，庄內七十歲以上老人家，重陽節贈金戒指，鼓舞年輕人生育，一胎都補助一萬元，並與公所配合舉辦活動，成立環保大隊維護里內清潔，守望相助隊更是為地方治安把關，與地方形成良好的互動。

還金時需一併帶回來。還金時除還回原本求得的發財金外，可隨心意添香油錢。若無法親自還金，也可用郵局現金袋歸還。這幾乎是穩賺不賠的生意，每位信徒至少會照原金額返還，因為沒人膽敢不還向神明借來的錢。

這筆借來的發財金可以用在與工作有關的生財工具上，比如說業務員需要東奔西跑，就拿發財金去加油；導遊需要跟遊客解說，可拿發財金買麥克風。如果有人異想天開，把錢拿去買樂透，那可是不會靈驗的，因為土地公鼓勵的是腳踏實地的賺錢，而非投機取巧。

若沒借到發財金也沒關係，還能花三千六百元求一隻開運金雞回家，據說也有同樣效果。就算不求發財金，也一定要鑽過廟旁邊用竹子編的金雞，因為「弄金雞孔，金銀財寶攏賣空」；金元寶也一定要滾動一下，因為「財

· 中部求財名廟：紫南宮

源滾滾」嘛！這真是間超有梗的廟宇。

用小半天賞「小半天」

離開竹山往鹿谷，鹿谷雖然是著名的茶鄉，但亦是竹鄉，特別是在小半天的長源圳附近。小半天的第一批居民入墾拓荒，因水源不足，生活相當艱困，直到日據時代，才架橋通渠，解決了民生飲用水和灌溉問題，從此以後小半天由荒丘變成良田，長源圳就成了小半天的命脈。所以來到小半天不能不到長源圳生態步道走一遭，步道全長三公里，地勢平緩，沿途景觀優美，生態豐富，可瀏覽竹林美景，大片竹海景色不輸日本京都嵐山的竹林小徑，或是電影臥虎藏龍的巴蜀竹海景觀。

在這片孟宗竹林中，還有一處古戰場歷史遺跡：清朝乾隆時期，台灣天地會的林爽文

· 剛採下的麻竹筍

在南部起義，反抗清朝，於是清廷率領九千大軍圍剿林爽文，林爽文一行人自集集退到小半天，因為這邊地勢險要，易守難攻，讓林爽文能夠居高臨下，疊石做牆、砍樹擋路，拚死抵抗清廷的攻勢。雖然最後未竟其功，但當我細懷在這片竹林發生過的過往種種，仍彷彿歷歷在目。

挖竹筍・享童趣

孟宗竹林產出的是好吃的冬筍。當地的農民帶我們到竹林裡挖冬筍，我們這些平常四體不勤的都市人，拿著鋤頭只是做做樣子，因為光要找剛冒出土的筍尖，就讓大家吃足苦頭。有句成語叫雨後春筍，農家說筍子生長的速度很快，有時一天可以長到三十公分，曾聽過個笑話是說一人跑到竹林裡去如廁，一小時後還不見人影，於是同伴到竹林裡尋找，發現他被快速長大的竹筍高掛在半空中下不來。雖然有些誇張，但可見其生長之快速。

什麼竹筍最好吃？答案是自己挖的竹筍，因為親身體驗，了解食物得來的辛苦，當東西吃下肚，就會多了一份感恩之心。每個人拿著自己挖出來的戰利品，還是挺有成就感的。在這裡也利用竹子做出許多有趣的童玩，如：竹蜻蜓、竹蟬都是基本款，最具臨場震撼的是竹筒砲。在粗大的孟宗竹管裡丟進電土（碳化鈣），再噴水化學變化成乙炔，一點火就會發出巨大聲響，是早年農民驅趕鳥類的方法。

在溪頭和妖怪一起森呼吸

再深入鹿谷就能來到溪頭，這裡有神木、樹海、銀杏林等景觀，最具代表性的大學池，在以前是用來浸泡木材之用，池上有一拱型竹橋，也是用竹子所搭建，每個遊客都在此排隊等著過橋。入口處的妖怪村，新鮮的創意加上明確的主題，也成為賞竹之外另一個吸睛的亮點。有人說竹子偏陰，所以竹林常會聯想到一些靈異故事或鄉野傳說，不知道這是不是妖怪村靈感的來源？只要添加創意，鬼也能變成一門好生意。

宋代大文豪蘇東坡曾說：「無肉令人瘦，無竹令人俗，寧可食無肉，不可居無竹。」說明了古代文人對於竹子的特殊情感。現代人不見得有此雅興，但還是可以來一趟吃喝玩樂都跟竹有關的行程，重新認識這種跟我們形影不離的植物。

物・電土

電土，即碳化鈣，加上水後就能產生熱與乙炔，以前的人會把電土當作催熟的材料，也是以前拿來燙頭髮的方式。

· 溪頭大學池

白河尋蓮啟事

無獨有藕

在台灣談到蓮，
一向有「南白河，北觀音」的俗諺，
若想要賞蓮，就往白河去吧。
一望無際的蓮花田、種類多不勝數的蓮花餐點，
騎乘腳踏車優遊蓮花詩路，
來到此地，必能感覺蓮花特殊的優雅氛圍。

夏季

騎單車遊白河

- 賞蓮花
- 木棉道
- 嘉南大圳等景點

→ 採蓮藕

→ 住宿三叔公的家

冬季

騎單車遊白河

- 田園風光
- 木棉道
- 嘉南大圳等景點

→ 體驗製作藕粉

→ 住宿三叔公的家

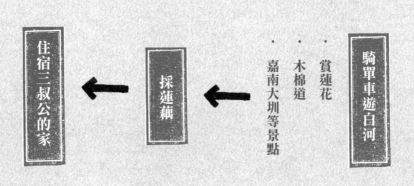

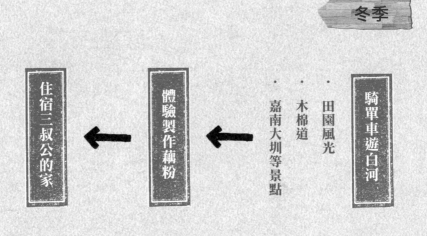

台灣是個花花世界，一年四季都有值班的花朵陸續綻放，夏天更是達到高峰。隨著天氣節令漸漸轉暖，花季也即將陸續登場，蟄伏已久的花朵紛紛含苞待放，等待遊人的造訪。

色彩繽紛的花固然討喜，但就大部分情況來說，花對於植物本身的實際功用大於對人，它能吸引傳花授粉的媒介前來，而人類喜歡享受果實，就連我們努力做事後都會說「享受成功的果實」，因此我們都知道開花只是過程，而花瓣掉落後的結果才是我們要的「結果」。

不過花朵也不是全然沒有作用，至少能讓人看了賞心悅目，而且人們喜歡賦予意義，每種花都有不同的花語。蓮花因為長在水邊，因此最適合在天氣炎熱的夏天欣賞。而蓮花的花語象徵清白、堅貞純潔和愛情，不過它並不適合整把送給自己想要表達情感的人，還是比較

· 出淤泥而不染

適合親自到水塘邊觀賞。

進入蓮鄉，讓你流蓮忘返

在台灣賞蓮一向有「南白河、北觀音」之名，桃園觀音鄉緯度較北邊，所以開花時間比在台南的白河晚，開花期也比較短，因此就栽種面積、花期來說，白河的蓮花都略勝一籌，每年從六月份起，蓮花季便揭開序幕，在綠野平疇的嘉南平原上綻放，透露出夏天的訊息，也帶來了優雅的涼意。台南白河結合在地文化，創造出獨特的蓮花觀光產業，使得每年的蓮花季都有許多人不遠千里而來，只為親眼一睹蓮花的手采。

白河蓮花的種植面積達到三百公頃，鎮內有田地的地方，幾乎都能看到蓮花。在公所的規劃下，區域內大致可分為以下幾個賞花區：

· 蓮葉何田田

· 如畫般的荷花田

白河賞蓮區、大竹賞蓮區、玉豐賞蓮區、主題賞蓮公園，因此說白河地區為全國最佳賞蓮地區可不為過。

白河的蓮花品種多樣，大憨蓮、建蓮、石蓮、白蓮等都是常見的品種。大憨蓮的最佳觀賞地點在南89線、南88線道路兩旁，以及白河國中附近，植株相當高大，甚至比成人還高，盛開時數大便是美，紅花襯托著綠葉，是留影的最佳選擇；比起大喇喇的大憨蓮，建蓮植株比較矮，花朵開的密度也比較低，反而像是嬌羞的女孩，花期長達三個月，想要看它，在蓮潭里以及兩條綠色隧道（南90、南92-1）沿線兩邊都能觀賞到；白河最早的蓮花品種是石蓮，白色的花朵有別於大憨蓮與建蓮，蓮子產量也比不上它們，所以較少農民種植，但在詔安里、廣安里、大竹里等地尚

物・蓮花的特殊構造

蓮花之所以不讓水沾滿葉片，是因為它和一般植物不同，蓮花的氣孔並不是長在葉背，而是在葉面，如果水停留在葉片，它就不能通氣。沉浸在水中的葉柄和莖也有特殊的通氣構造，讓浸在水中的組織也有新鮮的空氣。

▲大王蓮　　▼騎車漫遊蓮鄉

有栽種；而白蓮是白河地區唯一被視為經濟作物栽培的純白蓮花品種，主要栽種在主題賞蓮公園附近。

蓮花季的慢板樂章

若蓮花季的白河是首樂曲的話，這曲子肯定是慢板，特別是六、七月賞蓮季節南部的太陽炙熱，暑氣難耐，千萬不要在透中午和它正面衝突，最好的方式是在清晨或傍晚，騎一輛慢行的自行車悠遊，尤其在蓮花季期間，一夕湧進數千人潮，與其在主要幹道上塞車受悶氣，還不如好整以暇地以自行車代步，更能深入賞景。

不管是林蔭夾道的道路，或是田邊的小徑，俯拾皆景，更別說那一畝畝輪流上場的蓮花，不管是含苞、初綻、盛展到凋零，都有不同意境與美感。就算不看花，看著午後剛落下的雨滴，在彷若有「奈米級」防水的荷葉上滾動，也宛如一顆顆晶瑩剔透的珍珠。

感性主義者如在地的白荷陶坊主人林文嶽，以蓮花為藝術創作的構想來源；而理性主義者也能從蓮花得到靈感，解決了我們生活上的許多問題，像是服裝的「荷葉邊」，增添女性服裝上的婉約典雅氣質；淋浴時的「蓮蓬頭」，不僅省水，也能用沖力洗淨身體，這不都是從觀察蓮花得到的創意嗎？

來竹門吃一碗香蕉清冰

位於林初埤附近，竹門往昇安綠色隧道旁的蓮花詩路，是另一處得以優遊蓮花間吟詩品味的人文風景。

盛開的蓮花、造景的木製小橋、竹子搭設

的休憩小屋，配合設計成蓮花與荷葉形狀的陶板，詩詞與綠意小徑搭配而成詩路園地；陶板上的詩詞，來自全鎮十二所國小師生的心血，上頭書寫的是白河的蓮花與白河的美景，讓此處成為最有文學氛圍的優雅境地。來白河賞蓮，也別忘了來到這處可以讓自己增加氣質、放慢腳步的好地方。

若是騎車騎累了，那就到竹門的鈺雪冰枝店來碗古早味的香蕉清冰，保證暑氣全消，吃完又是一條好漢。田野間除了蓮田，還有一棟被農田圍繞、造型獨特的磚房，這是石雕藝術家侯加福老師的工作室，戶外還營造了一個小型生態池，完全融入鄉村的自然景觀，我最喜歡它的廁所，因為馬桶直接面對綠油油的稻田，而大片玻璃採用的是單面設計，裡面的人看得出去，外面的人看不進來。

三叔公的家

「三叔公的家」民宿，老闆夫妻倆皆為白河人，且還是小學同學。老闆鄭秋郎致力於種植蓮花，同時還會帶住宿的客人騎單車導覽解說，從解說的過程中便能感受他對蓮花有著濃厚的情感。

許多石雕的作品也能在工作室欣賞，雖然是私人空間，但也有許多人慕名前來參觀，侯老師也大方分享，不過記得還是要有禮貌，不要太過造次。

「食用」的蓮花

大多數的遊客都是在白天來到白河，但若能夠住上一晚，除了能體會鄉間野趣外，晚上開花的睡蓮飄送淡淡清香，使得許多民宿業者在自家栽種，彌補白天賞蓮的空檔，更讓環境多了一份優雅的感覺，「三叔公的家」就是這樣的一間民宿。聰明的農人也將睡蓮製成睡蓮茶，香氣特殊，也成為尋花者的最愛。除了供人欣賞外，蓮花還有經濟功能，除了熟為人知的蓮子、蓮藕等產品外，來到白河，所有小吃店的食材都以蓮花為主角，蓮花茶、荷葉飯、蓮子布丁、蓮花果凍等等，這些創意構想不僅為農民帶來收入，更將蓮花季點綴地熱鬧繽紛，讓遊人的視覺與味覺同時都獲得滿足。

含苞的新鮮蓮花烘乾後泡茶喝，有清涼降火之途；將蓮葉曬乾沖泡飲用，也具降血壓、去血脂、減肥之功效。不過採收蓮葉相當辛苦，不僅得頂著大太陽，蓮花的莖上長滿許多小刺，是為了防止水中的生物像是田螺、魚類等動物的咬食，蓮農下田摘取往往在皮膚上留下一條條的刮痕，萬一曬製過程中蓮葉裂掉，賣相不佳，努力的心血也就白費了，所以要找到賣相好的也相當不容易；蓮蓬曬乾加冰糖煮茶，還可預防流鼻血或治瘀血、腹痛等症狀；嫩莖可醃漬，製作成可口的醬菜。蓮花可說幾乎整株都是寶。

蓮花、荷花與睡蓮

許多人無法分辨荷花、蓮花的差異，再加上睡蓮來攪局，更是傻傻分不清楚了。事實上蓮和荷指的都是同一種植物，而睡蓮又有所不同，更精準地來說，蓮荷在植物分類學上是睡蓮科蓮屬植物，而睡蓮是睡蓮科睡蓮屬植物，同科不同屬，雖然有親戚關係，但外型個性還是有差異。

蓮花生長初期，以浮葉方式生長在水面，而後長出立葉，浮出水面，而蓮花夏秋之際開花，從花苞到綻放，生命週期非常短暫，大約只有四天時間，最佳賞蓮時間在清晨，早晨賞花不但清涼，花型也最美；而睡蓮幾乎全年開花，花色多但花朵較小，且開花時間則因品種而異，沒有蓮子蓮蓬，根莖屬球根，形狀似芋頭，葉片一般都貼在水面生長。

· 由左至右分別是：睡蓮、蓮花、蓮蓬

一睡千年的蓮子

所有植物都一樣，都希望能夠世代綿延繁殖不斷。蓮花的繁衍有兩種方式，一種是種子，另一種靠地下莖。蓮花的種子就是蓮子，別小看這不起眼的種子，它的生命力非常旺盛，因為有黑色厚壁組織層層保護，考古學家曾經在遼寧省的一座唐朝古墓中發現幾顆約一千兩百年左右的乾硬蓮子，為了試驗這些古蓮子的生命力，科學家特別選了三顆栽種，結果都開出了美麗的粉紅色蓮花。所以當這些種子落在土裡，它能夠安睡千年，等待最佳時機冒芽。不過蓮子也是高營養價值之補品，不管燉湯或做甜湯都相當受到歡迎，所以除非特別留下來做種，不然還沒落土前就都已經被採收光了。

地下莖就是你我熟知的蓮藕，蓮藕愈粗代

· 亭亭淨植

表裡面的澱粉愈多，冬天蟄伏在土中，等到來年雨水降下，蓮藕與蓮藕間的節點也會冒出新芽，由此可知蓮花這種植物，是多麼千方百計地想要活著啊！一般人來到白河，通常是在夏季時分，不過因為蓮藕是名符其實的「地下工作者」，不像開花時那麼引人矚目，所以冬天葉枯花落之際遊客就銳減，但對農民來說，這又是另一段辛苦農作的開始了。

藕粉背後的層層工序

白河產的蓮藕和一般拿來燉湯的不同，平常市場上買來燉湯的是粗壯肥大的菜藕，這裡的藕個頭較細長，在田裡不仔細看，還以為是嫩薑，所以賣相不佳，大部分拿來做成蓮藕粉。蓮藕粉有開胃清熱、滋補養生、保護喉嚨等功能，裡頭保留許多蓮藕的營養成分，澱粉也是優質澱粉，吃多也不用擔心會發胖。

採收蓮藕需要出動小山貓（挖土機），先豪邁地將藕田土整片翻起，然後再利用人力手工挖掘與採集，小山貓後面除了跟著撿拾的農人外，還有成群結隊前來找蟲吃的白鷺鷥。趁空檔時和小山貓駕駛聊了一下，大哥說他一天工資有五千元，話剛說出口就引來眾人的欣羡。不過他說看來好賺，但這份工作只有在農忙時期，英雄才有用武之地，且密集的工作時間，再加上不斷操作搖桿，得付出手腕發炎或疼痛的代價，雖不用彎腰撿拾，但也是辛苦工。在還沒有小山貓可利用之際，所有的蓮藕挖掘都靠鋤頭人力翻動，辛苦更勝百倍。所以我們通常都只羨慕別人，沒有看到別人所付出的努力與代價，看完整個蓮藕粉的製作過程後，更有深刻的感覺。

・做藕粉的細藕

▲將藕粉刮片

▲古早味冰品

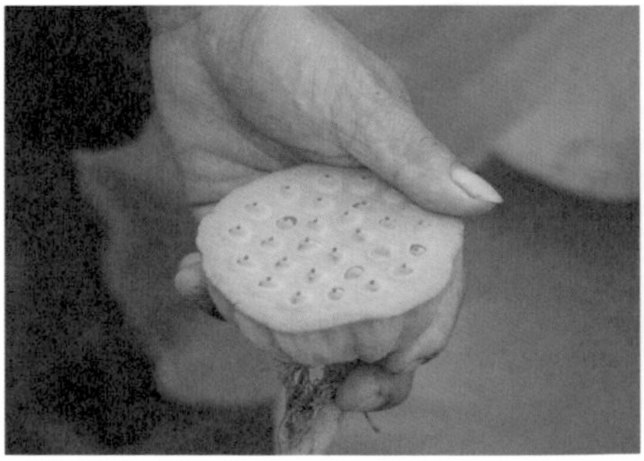

▲新鮮蓮蓬

▲這間廁所裡面看得出去，外面看不進來

一分錢一分貨的道理

挖出來的沾土蓮藕被集中送到工廠裡清洗削切，所有的蓮藕都必須靠人工除去不必要的連接點，只保留中間含有大量澱粉的部分，再經過重複清洗與絞碎，變成一桶一桶乳白色的蓮藕汁。

蓮藕汁需要經過兩次以上的過濾，將蓮藕汁中的纖維與殘渣濾掉，變成飽含細緻粉末的蓮藕水，之後盛裝在小碗裡，等待水分滲出後，再一一地用人工刮粉的方式以日曬做最後的脫水。大約十五斤的蓮藕方能做出一斤的蓮藕粉，期間也必須注意溫度的控制，否則整桶蓮藕水發酵也就前功盡棄了。

台灣的蓮藕粉主要產地就是在台南白河地區，若依照這樣繁複且辛苦的生產成本計算，每斤應該在台幣三、四百元之間，也許你覺得貴，但只要看過一次製作過程就會知道，這其實算是合理的價格。每次帶朋友去體驗如此粗重的工作，來自都市的朋友多半沒多久就會舉白旗投降，雖然累但卻也更清楚地了解蓮藕粉製作的難處，每一處都不能偷懶。

因此市面上常有每斤低於一百元的產品，那是因為添加品質不佳的澱粉濫竽充數，一分價錢一分貨，這始終是不變的道理，只是往往作為消費者的我們，一則不清楚生產過程，二則不了解合理價格，所以常常被當作凱子。如果有機會在產地購買，那是最貨真價實的，而且又可以讓農民的辛苦有所收穫。

縱谷黃金海

秋收很慢

說到台東池上，總讓人聯想到一望無際的稻田。
這裡散發著一股獨特的在地風味，手拿著在欉紅的枝仔冰，
腳踏著鐵馬，聽著大自然的配樂，在田園小徑間穿梭慢晃，
感受都市中沒有的那份優閒氣氛。

第一日

池上大坡池 → 伯朗大道 → 池上稻穗音樂節 → 鹿野紅烏龍、蜜香紅茶品茶

第二日

鹿野高台（春一枝在地冰棒） → 布農族部落表演 → 龍田社區單車導覽

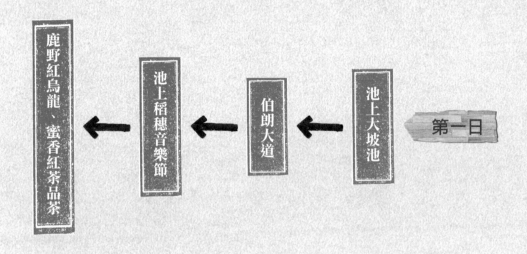

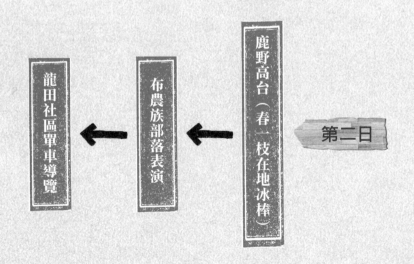

談到池上，大家第一時間的反射聯想到的，絕對是稻米。這樣的印象並無錯，因為連當地居民都說：「也許池上只占了台灣的一小部分，但稻米卻占了池上的大部分。」池上位在花東縱谷的中部，而縱谷得天獨厚，有人形容是流著奶與蜜的地方，土壤肥沃，空氣與水的品質都十分優良，一邊是海岸山脈，另一邊是中央山脈，包圍出這片台灣的最後淨土。

這裡不僅僅有優質米，更有許多新發展出的無毒農業產品。花東縱谷是由三條主要的溪流從山上挾帶大量泥沙堆積而成，由北而南是花蓮溪、秀姑巒溪以及卑南溪，所以整條狹長的花東縱谷就是沖積平原。

農民按照春耕、夏耘、秋收、冬藏的運行規則日出而作、日入而息。當季的食物是老天爺恩賜的安排，也是注重食物安全的現代人最健康的選擇。都市人來到這裡，總羨慕這裡能有一畝田，種自己生活所需，也種自己的心田。

金碧輝煌的稻穗音樂會

到二〇二〇年為止，稻穗音樂節已舉辦十二年，有邀過雲門舞集、銅管五重奏的表演，節目內容每年都不同，但不變的是表演場地，演出地點不是在富麗堂皇的國家音樂廳，而是在「金碧輝煌」的戶外場地。

在農田中整理出一塊空地，表演者就在金黃澄澄的稻穗中盡情揮灑，伴著朗朗天光，添著徐徐微風，坐在由池上國中的小志工，以人力一張張排列的椅子上，來上一段天地人合一的心靈饗宴，這樣的享受只有在秋高氣爽時，也只有在天寬地闊的池上，才能親身體會。環境會影響人心，天地寬了，心也就跟著寬了。

· 框住秋景

邀請優人神鼓的這一回，是我最喜歡、也覺得是在歷年的稻穗音樂節中最切題的一次。以前的人常會在豐收季節，以鼓聲歡慶豐收，也藉機表達對天地的感恩之心，而優人神鼓的演出，結合了禪與心靈深層的悸動，這樣的養分其實是來自於土地，更讓人們在隆隆的鼓聲中離開外在的紛擾，進入自在寧靜的世界，表達人與自然的互動和對話，跟稻穗音樂節的宗旨簡直是不謀而合，和在中國看過，張藝謀製作的《印象》山水劇系列演出比較起來，稻穗藝術節雖然規模不大，但以金黃色的大地稻田為舞台，翠綠的山巒為背景，加上優人神鼓鼓槌直擊入心的鼓聲，身上毛孔無一不舒服。

音樂節舉辦在池上鄉的錦新三號道路，這個名字大家可能不熟悉，但另一個名字可能很多人聽過：「伯朗大道」，倒不是財團買下這裡，而是伯朗咖啡的廣告也相中這片美景，為什麼呢？因為這裡舉目望去都是稻田，收割季節時陽光灑下像是燦爛的金黃稻浪，再加上沒有突兀的電線桿或農舍阻隔，開闊的視線直達遠方的中央山脈。這樣的景色台灣以前到處都有，但在都市化後，我們的農田不斷地被分割，電線桿雖然帶來夜晚的光明，但也像一把利刃，切割出視覺上的黑暗。

鹿野高台・天然枝仔冰在欉紅

離開池上往南走，經過關山，來到鹿野，縱谷的景色不時變換。在收穫的季節，鹿野的紅甘蔗、釋迦、木瓜正是產期，台東有許多的水果，可惜因為名氣不大，更重要的是往往因為颱風豪雨道路中斷的關係，增加了風險與運輸的成本，造成市場競爭力相形薄弱。大部分

物・在欉紅

相對於市面上「綠熟」或「人工催熟」的水果，「在欉紅」指的是在果樹上完全成熟後才採收的果實，而此時的香味、甜度及口感皆達到完美的狀態，但此狀態倏忽即逝，很快地就會變得過於熟透。

・稻穗藝術節：優人神鼓的表演

人只是感嘆果賤傷農，但春一枝枝仔冰的老闆李銘煌卻挺身而出解決問題，難怪能夠當老闆啊！原本在台北開塑膠射出工廠的他，因為常到鹿野度假，乾脆買了一棟房子在此落戶，回台東時，鄰居總會送他新鮮的水果，拿多了總覺不好意思，但鄰居跟他說，不吃也是丟在田間當肥料。原來盤商只收七八分熟的水果，在欉紅的水果經過長途運輸，到消費者面前不是太熟就是賣相不佳，因此我們只能吃到「等到紅」的水果，在欉紅的天然果香與氣味，只有到產地才有可能品嘗。

李銘煌幫農民想的辦法是將成熟但賣不出去的水果做成冰棒，可以解決水果無法久藏的問題，但誰來做？最終他就一頭栽進這個自己完全陌生的行業。春一枝的冰棒是會缺貨的，有別於市面上永遠不會缺貨的冰棒，因為裡面

・春一枝・李銘煌先生

的成分很多都是人工添加物，而春一枝所有的原料都是當季水果，一旦過了產季就只能等待來年。

歡迎來到春一枝誠信商店

現在春一枝幫農民解決問題的故事漸漸被人所知，我們不只是吃一枝冰棒而已，而是融入一顆關懷農民的心。春一枝的產業類別也從原本單純的農業變成文化創意產業，文化創意產業在台灣火紅的程度幾乎每個人都能說上幾句，但什麼才是文化創意？我以為文化就是生活的總和，而創意就是想出解決難題的方法。除了在中正紀念堂、鶯歌陶瓷博物館、木柵動物園都能吃到真材實料的冰棒，春一枝更發揮創意，將毫不起眼的冰棒棍客製化，設計成可以留作紀念的書籤、叉子，中國朋友愛得要命，

・火車越過金黃稻田

·豐收的喜悅

因為來台灣不見得碰得到釋迦產季，卻能從春一枝的釋迦冰棒，嚐到這種熱帶水果的風味。還有百香果、檸檬、洛神、鳳梨等等口味，都跟市場上的冰棒不一樣，如果這是天然，那我們平常吃下肚的又是什麼東西？

更令人感動的是，春一枝在鹿野的冰棒故事館，現在成為誠信商店，起因是常有遊客慕名前來，卻遇到撲空的狀況。於是在人手不足的情況下，李銘煌乾脆讓大家自取自投，「如果有人沒投錢，大老遠跑來請他吃一枝冰棒也是應該的！」這與社會上處處防弊的想法大相逕庭，可喜的是這種正面思維，善意的流轉好像激發出人性良善的一面，金額不但沒少，有時反而會多。

人・阿度

阿度是何許人也？原來他不是龍田人，而是從台北移民來此的，有人開玩笑說，移民來台東的有三種人：失業、失戀或失去人生目標，阿度屬於第三類。阿度名字的由來是因為當初移居來此時，抱著既浪漫又堅定的心情，「Yes,I do」以此為自己取下「阿度（I do）」這個名字。

· 龍田村

感受獨特的阿度風格

吃完冰登上鹿野高台，這是個河階台地，也是飛行傘的基地，更是台東縣政府舉辦熱氣球嘉年華的地方。居高臨下鳥瞰，可以看見南溪與都蘭山，一條河一座山都是台東的地標，都蘭山像是個倒臥的女子臉龐，所以也叫美人山，卑南溪更是台東的母親河，提供這片土地亙久的養分。往下一看，井然有序的棋盤式規劃小村落正是龍田村，這是個一九一五年開始的日本移民村，當時從日本本土召集移民前來種植甘蔗，原本盡是日式木造住宅，但因為都是檜木建造，所以後來都被拆除，僅留下龍田國小的校長宿舍。聚落至今仍保有相當幽靜的集居環境，目前常住居民不到一千人，原本感覺蕭條，但後來因為有阿度的店，吸引了懂得

．躺在馬路，從不同的角度看風景

欣賞台東緩慢之美的遊客。

他的自行車店和其他的不一樣，租車的費用比別人貴，且一個半小時的遊程中，真正騎車的時間只有二十分鐘，不過來這裡不是單單騎車，一定要加上導覽，參加過就覺得一點都不貴。因為風趣的內容以及與客人互動頻繁的過程，從頭到尾絕無冷場，許多名人都曾來這裡騎車，為的就是親自體會「阿度風格」。

樂活鐵馬．龍田村

龍田村單車之旅沿途處處可見優閒的田園風光，玉米田、鳳梨田、釋迦田、茶園，而一畦畦農地的盡頭，就是層層疊疊的山巒。竹筒砲在一戶民家前，這是以前原住民拿來嚇梅花鹿的工具，鹿隻受到驚嚇，就會掉進事先挖好的洞裡，現在則是讓人體驗。

・小葉欖仁隧道

整趟單車之旅的最高潮，就是躺在小葉欖仁的綠色隧道馬路上。許多都市人剛開始嫌髒，但勉為其難躺下後才發現自己的心也跟著靜了下來，可以聽到鳥叫、蟬鳴、風聲，當然還有數量不多，但偶爾會經過的車聲。阿度說這裡躺過七十多萬人，截至本書出版之際還沒有發生任何事故，所以擔心是多餘的。綠色隧道前的五甲地大草坪，是玩飛行傘的人降落之地，更讓居住在鴿子籠裡的都市人欽羨，這實在是不可思議的奢侈與幸福。

阿度要大家向躺在兩邊的夥伴說出：「有你真好！」是的！懂得感恩的人生活會更幸福美好。他也要大家把頭向後看，「天空像不像湖水，綠色的山像不像湖中倒影？」霎時間視野角度的翻轉，似乎對人生有了另一番截然不同的體悟。

· 布農部落木雕

阿度之所以能以外來者身分在此落地生根，原因是他不是自己好就算了，而是扮演火車頭，共同帶動地方發展。阿度給每位租車的朋友一張五十元折價券，要大家用這張另類鈔票換取當地農民的產品。我到過許多地方都只看到一家店獨好，不但容易招妒，更無法把餅做大。

理想鄉・布農部落

「秋收很慢」的主軸在於共享及強調在地的精神，原住民的傳統生活最符合這樣的宗旨，因此「秋收很慢之旅」的住宿就選擇在布農部落。這裡由白勝光牧師創立，以基金會方式運作，透過休閒農場與生產小舖的複合經營，創造自給自足的產業模式，不但創造了族人的就業機會，也讓族人得以在自己的土地上有尊嚴地生活。

園區裡的種種當然都以布農風為主，布農族因為居住在高山的關係，個性較為內斂害羞，但也因為住在高山上遠離塵囂的關係，聲音也如同天籟般純淨自然。園區的表演結合了傳統與現代，向大家介紹傳統的八部合音、傳統祭典儀式，還有誇耀自己對部落功勞的馬斯達拉棒（誇功宴）；年輕人也將自己的歌聲與現代樂音結合，呈現出另一種新風貌。看著台上不分男女老幼那種和諧的狀態，我瞇著眼，彷彿看到了傳說中的大同世界。

慢慢來才能體驗人生

池上沒有大景點，頂多就是地名由來的大坡池罷了！但在池上，應該說在台東，就要抱持著一種閒晃心情。現代人工作繁忙，恨不得一天有四十八小時才夠用，所以處處快節奏，分分秒秒講究效率，連帶地在旅行時也是如此。

常常看到趕集式的旅行，一家人開著車，頂多坐下來吃個東西，喝杯咖啡，就算到此一遊了，更麻煩的是遇到假日，到處人山人海，更不用奢求什麼旅行品質了，人擠人的結果反而使自己變得更累，失去了旅行放鬆的原意。

記住，唯有慢，才看得到風景；也唯有慢，才體會得到人生。腳步不放慢，就像一篇文章沒有標點符號，寫的人吃力，看的人也是費勁。所以我的「很慢」之旅，除了字面上的步調慢之外，還有新鮮現採的含意在

・秋收

· 稻穗 · 好友 · 微風

其中，（「很慢」發音類似台語「現採」的意思），因此來台東旅行更多了學習的意味，學習如何放鬆，如何與自己獨處，如何換個角度看世界。

我的旅行行程最大的特色在於：在對的時間季節，跟對的人，去對的地方。因此很多人報不到名，在無法加開第二團的情形下，只好跟他們說明年請早。秋收很慢之旅光看名字就知道，只能在秋天出發，其他時間不是不能去，而是無法呈現我要帶給大家的那種關於季節與主題的氛圍。

探索歷史軌跡

阿朗壹／生命延續的力量

太魯閣／刻畫地形記憶的紋理

新中橫／踏山尋梅，共度好時光

濁水溪／母親河的溫柔與暴烈

太平山／我們的林場

大三通／被歷史串起的城鎮

8

阿朗壹

生命延續的力量

這裡沒有便利商店、沒有加油站，
就算是提款機，全鄉也只有一台，
在處處方便的台灣鄉鎮，稱得上是異數之一……
它有個美麗的名字——牡丹鄉。

第一日

琉球藩遇難碑 ← 石門古戰場 ← 排灣族石板屋遺址 ← 東源水上草原 ← 旭海

第二日

阿朗壹古道 ← 九棚大沙漠 ← 八瑤灣

第三日

造訪排灣族高士部落

- 婚禮
- 部落巡禮
- 傳統生活體驗

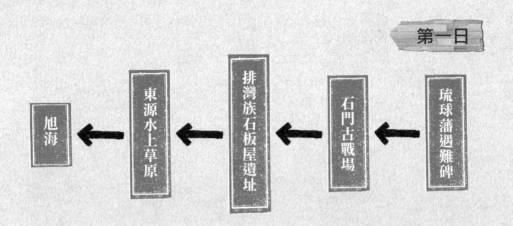

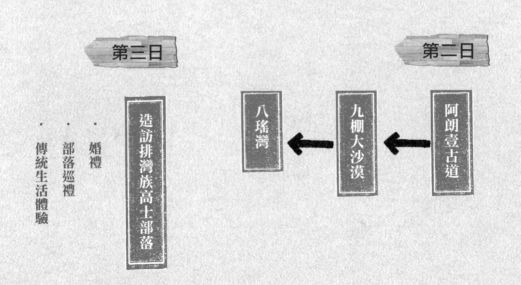

恆春半島是台灣的熱帶氣候區，絕大多數人來到這裡是為了墾丁的熱情與海景，但我往這島嶼的國境之南前去，目的地並非碧海藍天的墾丁。在車城轉了個彎，朝向中央山脈的最南段駛去，平坦的原野很快就遇上了山地，這一片區域攸關台灣的命運與歷史發展，西元一八七四年的牡丹社事件，就是以這片區域作為背景。

牡丹鄉——它的名字很美，因為有許多的野牡丹而得名。這裡沒有便利商店、沒有加油站，就算是提款機，全鄉也只有一台，在處處方便的台灣鄉鎮，稱得上是異數之一。琉球藩民墓孤伶伶地坐落在入山前的平野上。漂流到陌生島嶼的人們，先因為被欺騙而財物全失，這份恐慌移轉到對他們伸出援手的排灣族上，進而產生不信任，這是不同文化間的猜忌與誤解導致的悲劇，更被懷著不同政治意圖的有心人士利用矛盾之處從中得利，鑑古望今，這樣的情形似乎未曾減緩。入山前的天然隘口就是石門古戰場，排灣族與日軍在此有數場激戰。日本人挾著武器精良，僅有二十多人陣亡，但在後期駐守談判的過程中，反而因為熱病襲擊死了六百多人。山頂不高但視野遼闊，望著四重溪蜿蜒流經，我就像是指揮官般地看著這幅立體地圖，想像了當時的部署。山上的慰靈碑遺址還佇立著，持續見證這段歷史。

太陽的孩子．排灣族

過了入口的圖騰意象拱門後就是牡丹鄉。拱柱上的太陽、陶壺、百步蛇圖騰代表了排灣族的創世神話。相傳太陽在陶壺裡生了兩顆蛋，受到了陽光照射與百步蛇的環抱，促使生

· 驚濤拍石

命孵化，排灣族祖先因此誕生。

排灣族對百步蛇的崇拜充分展現在生活中的許多細節裡，除了花紋裝飾外，族人的傳統石板家屋，以前屋頂容易漏雨，據說也是百步蛇托夢給族人，教導族人將原本水平置放的屋頂改為仿效蛇身上的鱗片層層排列，屋頂從此不再漏水。

走進部落裡，隨著不斷遷移，昔日的家屋早已改成現在的水泥房，傳統石板屋隱藏在山林舊部落中，cacevakan 遺址有一座頭目家屋，普通家屋約有二十二座。我們懷著敬畏的心，在傾倒的石板間小心翼翼地走著，因為排灣族傳統習俗為室內葬，將先人以「曲肢蹲葬」的方式埋葬於家屋內，祈求祖先可以永遠守護家屋。這段路徑清楚不算難走，來回約一小時，但鮮少人跡。到了舊部落早已大汗淋漓，林間

·岩石上的螃蟹

中，祖靈似乎鼓動微風吹拂著，我還是很難理解在這樣蓊鬱潮濕的森林裡，他們究竟是怎麼代代相傳的？

就跟牡丹鄉東源村的水上草原一樣，表面上看起來是一般的草地，但腳踏下去才發現其實都是盤根錯節的草莖長在水面上，腳一踩上去，上下左右搖晃的感覺像是踏上水上地毯。

也許，在我們看到的文化表象背後，昔人生命的韌性、野性及傳統經驗累積，也如同野草般日久厚實，但我們只能從族人的口中拾綴片段，把想像當成縫線，拼貼出蛛絲馬跡的面貌。這是排灣族部落的傳統領域，要踏進去可是得先舉行儀式，告知祖靈。鄰近高大的桃花心木及七月份長滿野薑花的濕地生態區，有著自然單純的美感，是很特別的體驗。

· 西鄉都督遺蹟紀念碑

· 觀音鼻制高點

踏上男人之路．阿朗壹古道

從屏東端出發，阿朗壹古道的起點在牡丹鄉旭海村，這是大部分來走古道的朋友的選擇，雖然也可從台東出發，但走古道再加上交通接駁，往往得花上一天的時間，因此一早就得出發，前一晚必須住在當地，旭海的住宿條件比台東端來得理想，自然成為首選。且旭海有個溫泉，無論是泡腳或泡湯都能快速消除疲勞。古道緊貼著海濱曼延，只要順著海岸行走就行了！阿朗壹之意說法是「男人走的路」。太平洋的海水像是急欲搶灘登陸的軍隊，一波波前仆後繼，拍打在不同的地方，發出聲響也不同。成堆綿長的卵石灘經過不斷地篩洗，形狀圓滑無稜角，發出嘩啦啦的聲音；而拍打在崩落巨石群上的聲響，猶如悶雷，激起的水花澎湃壯闊，這又是另一種磅礡氣勢了。

古道最難走的一段，肯定就在觀音鼻！「鼻」的意思就是突出於海中的岬角。據說二次世界大戰末期，美軍發動跳島戰爭，日本人為了防止美軍自恆春半島登陸，故而進行焦土作戰，自行炸毀部分路基——也因此我得以站在這裡，望著近乎九十度垂直的高繞路線。岩壁上盡是破碎的頁岩，實在讓人懷疑是否要全然相信岩壁上那條垂下的繩子，讓它承受我的重量，好助我攀過這座不到兩百公尺的觀音鼻。但此處現已改建為階梯，安全性增加了，卻失了些野趣。

步入開滿純淨浪花的土地

攀上高處，景色果然不同凡響，另一端的海岸線是舊稱「難田」或「爛田」的南田村，亦曾經為國內低放射線廢棄物候選場址，鬧過

· 南排灣婚禮體驗

食・奇拿富

奇拿富是排灣族的傳統食物，它不僅是族人上山打獵時的「便當」，也是遇到節慶慶典不能或缺的美食，每個部落的奇拿富都有些許差別，大致上都是用小米和糯米包住醃好的豬肉與芋頭乾，再用月桃葉包裹起來，形狀有點像我們吃的湖州粽。包好的奇拿富放進水裡煮熟，準備婚禮上招待賓客使用。

一場風波。我們都習慣把文明的廢棄物丟置在淨土，以為眼不見為淨的心態，以為對我們不會有任何影響。

而屏東與台東的界河——塔瓦溪，像一條失去水分的巨龍，只見乾涸的溪床，不見該有的河水；而太平洋邊朵朵浪花的海岸猶如鑲邊蕾絲，待下山一看，石頭與海水一起滾動，這些摩挲千百萬年的石頭是早已聞名海內外的南田石，經由潮汐、海浪不斷拍打，長年下來質地堅硬、黝黑光滑，石上點綴白色礦物質，圖案更是多變，每塊石頭都有不同的紋路，「南田聽海」也變成遊客逗留海邊的享受。

走古道無法投機取巧，只能靠雙腳慢慢行走，但道路愈寬，步調愈快，旅行方式也變成走馬看花。交通帶來了人潮，過度擁擠不僅讓人敗興而歸，而人潮往往又帶來汙染，破壞了生物多樣性，對自然景觀造成無法挽回的傷害。如果可以，就讓南田石繼續滾動，讓海岸維持它的線條吧！

走完古道就連我也累了，回到民宿補個眠。傍晚時來到九棚沙漠，這是台灣僅有的一塊沙漠地形，說真格的，這不是真正的沙漠，只是因為九棚溪的出海口泥沙淤積，由太平洋吹入的東北季風，把河口的砂子吹回到附近的陸地，由經年累月的逆向搬運作用所堆積出來的一大片類沙漠地形。而一旁的八瑤灣便是當年牡丹社事件被殺害的琉球藩民登陸地點，當年他們上岸時沒有這麼多的沙灘吉普車來迎接他們，可想而知他們的惶恐；但今日我也很惶恐，並非漂流上岸，而是呼嘯來去帶客人飆沙的吉普車，早就把沙漠不斷碾壓得更緊實而失去原貌了。

牡丹社事件

西元一八七一年（清同治十年），琉球宮古島的山原號，因為颱風被漂流到台灣東南部八瑤灣一帶，船上六十九人，不幸溺斃的有三人，其餘六十六人登陸後，又因語言不通與彼此誤解，遭到排灣族人的殺害，在漢人楊友旺等人的協助下，僅十二人倖免於難，被殺害的五十四人葬在今日屏東車城鄉統埔村的琉球藩民墓。

日本覬覦台灣已久，便以此事件為藉口「保民義舉」，一八七四年在陸軍中將西鄉從道率領下，出兵攻打台灣南部的牡丹社等排灣族部落，史稱牡丹社事件。牡丹社事件中的許多人物，都與台灣有著密切關係，包括第一任台灣總督樺山資紀、第五任總督佐久間左馬太等人。

而清朝也因此一事件洞悉日本人併台野心，派沈葆楨來台加強防務，興築台南億載金城、建恒春城、開通橫貫台灣中央山脈北、中、南三路，也加速台灣建省的腳步，但台灣終究還是在一八九五年馬關條約中割讓給日本，開啟了長達五十年的殖民統治。

· 恆春東城門

跟著VUVU一起舉辦婚禮吧

牡丹社事件的主角是高士佛社，今天的高士部落。它是南排灣的一顆紅寶石，由於長期地處各個文化的混雜交融地區，也發展出特別文化，最明顯的就是服裝，女生裙子也看得到客家花布運用，花布的柔美搭配上排灣的粗獷，自成一格。

一百多年前，高士祖先在歷史舞台上躍為主角，今日到部落裡參加「傳統婚禮」則是我們當主角。「VUVU」是排灣族對女性長者的尊稱，這活動其實是為了讓部落年輕人了解婚姻的神聖莊嚴，也讓他們知道早期排灣族的婚禮習俗而規劃的。沒想到原本是要給族裡年輕人的傳承活動，現在變成體驗行程。遊客可以經由全程角色扮演，成為參與者而非旁觀者。由遊客中自行選出新娘、新郎、女方家長、男方家長及媒婆的角色，其他人員則幫忙抬聘禮。

活動從準備傳統美食開始，結婚時必備宴客食物包括了奇拿富、搗麻糬等。而搗麻糬更是部落的大禮，以往請族人幫忙，只要準備兩大塊麻糬當作謝禮，族人高興，主人也有面子，當然也是在婚禮當中的要角。

婚禮體驗中遊客也用傳統的杵與臼，打出極具黏性且彈牙的麻糬，麻糬裡再包進黑糖餡料，外層沾上花生顆粒就大功告成。

聘禮準備也不能馬虎。男方向女方家繳納一定財物，包括檳榔、荖藤、被套、月桃蓆、公雞、山豬肉等，這些東西遊客不用準備，都收集好了，只需要幫忙抬到男方家即可。雖然是角色扮演，不過依舊會燃放鞭炮，甚至進行全村廣播，告知這門喜事與大家分享，在告別

▲沿海而行的古道　　▼牡丹鄉入口意象

雙親後，男方就要背負新娘前往家中了。

背負新娘通常是由新郎的兄弟負責，在背後放置一張小板凳，新娘單膝跪在板凳上，由伯叔背往男方家，新郎在還沒迎娶前是不能碰觸到新娘的。排灣族婚禮中有特殊的搶婚習俗，為了表示對新娘出嫁的不捨，新娘的親友多半都會想辦法製造困難意圖留下新娘，不過多半是做個樣子，不會弄假成真。將新娘背到男方家後，由媒人清點聘禮，看是否依照當時的協議，也藉機讓人欣賞聘禮的豐厚。若是沒問題，就由女巫進行去惡避邪的儀式，並跟祖靈報告，希望能祝福這對新人子孫繁衍、家庭興旺。儀式完成後，準備好的小米酒就上場了，雙方親屬互相敬酒後，男方長輩會帶著新娘與賓客見面，圍成同心圓進行歌舞慶祝狂歡。

・南排灣的紅寶石 ・ 高士部落

這樣的過程很受遊客歡迎，因為十分逼真，藉由參與了解排灣族的文化，讓人印象深刻且回味無窮。除了體驗活動，高士部落也發展「鑫工坊」金工技藝，成為全台灣第一個發展金工藝品的部落，為一另類的災後重建產業，加上以天然陽光烘乾的香菇以及部落親手做的小米酒，都是高士部落發展出的伴手禮，帶上一些延續部落的情感與味道。

台灣最後一塊淨土

如果台灣有天涯海角，那應該就是阿朗壹古道，這條號稱最後一塊淨土的地方，是琅嶠（恆春）卑南（台東）古道的其中一段，自清朝統治台灣以來，台灣東部始終交通不便，而這塊區域也始終不見於清朝的地圖中，不過在當時，台灣南部中央山脈東西兩側，是魯凱族、排灣族、卑南族、阿美族等族群的傳統活動範圍，而建於西元一八七七年（光緒三年）的卑南琅嶠古道是清末所闢聯絡台灣東西部交通最早貫通官道之一，從恆春鎮東門開始，翻山越嶺到滿州鄉八瑤灣，再沿海岸線旭海到台東。

可惜在中法戰爭後，台灣的政經中心

從台南北移至台北，加上路程較近及行旅較安全的三條崙古道（今稱浸水營古道，起至屏東枋寮至台東大武）開通後，逐漸就荒廢棄置。

阿朗壹古道之所以又成為大家討論的焦點是因為台26號省道預計從楓港至墾丁繞一個形彎，再往北到台東與台9號省道交會，不過至今從安朔至旭海尚約有十一・八公里尚未開闢，這段正與阿朗壹古道重疊。

環島海岸公路連結完成，也許寫下台灣交通史上重要的一頁，但也有人憂心這段沒有消波塊的海岸，此處不僅保存國家公園境內多樣且特別的熱帶植物群落，還有風吹沙、九棚海岸、旭海大草原等美麗卻脆弱的地質地貌，也是稀有的野生保育動物椰子蟹的棲息地，更直接衝擊著兩個排灣族——南田、旭海部落的人文產經面貌。

・最美麗的海岸線

太魯閣

刻畫地形記憶的紋理

太魯閣的意義很多元，它指的可以是峽谷，
更是居住於此的原住民名字。
除了高聳峭立的山谷令人震懾外，
仔細觀察這裡的岩石，
可以發現其中蘊含彎曲的白色或黃褐色線條，
每一段都像是寫意揮灑的潑墨山水畫。

第一日

新城車站 → 太魯閣國家公園遊客中心 → 綠水合流步道 → 慈母橋 → 燕子口

第二日

白楊步道 → 長春祠 → 砂卡礑步道

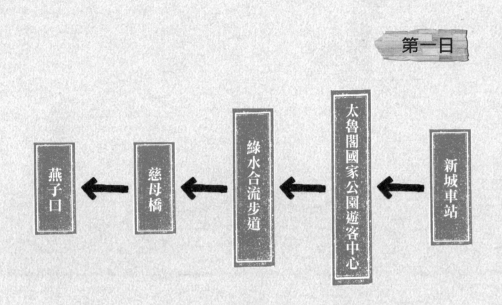

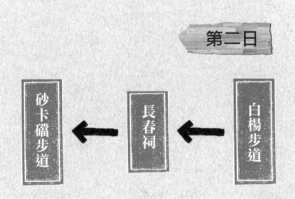

愛上太魯閣的四個理由

太魯閣是個有色彩的地方。春天花朵怒放，蝴蝶穿梭其間；紅楠包裹捲曲的紅色嫩芽，一枝枝地掛在枝頭上，遠看像是插滿了蠟燭，近看又像色香味俱佳的紅燒豬腳；夏天午後，一齣舞台劇正在上演。

銀白色如利刃的閃電，像是舞台上的聚光燈，照到哪裡，那兒的景物剎時間像是撒上銀粉，成為一秒鐘的主角；雷雨過後，太陽又露出，銀色聚光燈這會兒變成橘紅色的燈光，把天邊的雲彩也渲染成橘紅色。天空是深遠遼闊的舞台，遠近不一的雲彩像是舞台上的布幕，層次分明呈現出布景的景深。秋來的時候，紅、黃、綠、棕，各種顏色像水彩一樣被擠在山頭調色盤上；夾雜混濁泥沙的立霧溪水則像是洗筆水般，呈現出攪拌後的黑灰色。青楓、楓香以及台灣紅榨槭在這個季節會換上新的紅色名片，掌葉槭和尖葉槭則換上黃色的名片，讓你遠遠看到就能辨認出它們；冬天，低海拔的森林轉變為暗沉的綠色。合歡山頭換上雪白的新裝，溫度的驟變給視覺全新的感受。松枝上垂掛著的冰柱，像是昨夜耐不住寒冷所流下的鼻水，看似透明無色，但陽光一照，立刻激發出炫麗的色彩，透過水滴看景物，能改變對原本景物的觀感，呈現哈哈鏡的效果。

令人迷戀的味道

太魯閣也是個有味道的地方。嗅覺再怎麼不敏銳的人，也能辨別這裡的空氣清淨度。從低海拔一路上升到高海拔，除了溫度上變化之外，

· 細看會發現印第安酋長像！

所聞到的味道也隨高度有所改變。低海拔的森林裡，衝入腦門的是一股濃郁厚實的綠色味道，這種味道是複雜的，絕非單一種味道可以形容。它夾帶著薄荷般的清涼，卻又有發酵後的深沉；特別是在夏天午後雷雨遠離之際，群山像是剛出蒸籠熱騰騰的饅頭，所有森林味道混雜在一起，更會讓你的鼻子迷戀不已。

自然協奏出的樂曲

太魯閣是個有音樂的地方，這音樂並非世界知名樂團的演奏，而是大自然的合諧共鳴。立霧溪的水在九曲洞燕子口一段，蜿蜒迴轉，衝擊兩旁岩石，奏出似木琴般清脆的敲擊聲，那河水沖刷而露出的白色大理石，正是音樂家長久苦練磨損琴弦的痕跡，小雨燕一面發出唧唧的叫聲，一面隨樂起舞；砂卡礑溪則又是另一種風貌，它的聲音像是和諧的協奏曲，潺潺流過你的耳際，偶爾傳來斯文豪氏赤蛙似鳥叫的啾啾聲，就像是休止符。

沿著步道信步徐徐，你可以聽見午後擾人清夢的熟悉聲音，台灣騷蟬如金屬般響亮的鳴叫，絕對是台灣夏天不可缺少的元素，少了牠們，就像搖滾樂缺乏鼓聲般地失色。但只要當一團樹叢中傳出，便引來滿山遍谷呼朋引伴的「聲浪」，如魔音傳腦挑戰耳膜極限，大部分情況下，你只能徒呼無奈，節節敗退，掩耳而行。

夜晚太魯閣擺脫人聲嘈雜，一場聲音的饗宴才正要開始。路邊水溝裡，傳來銅管重奏的獻藝，那是今晚重頭戲，一群著褐色禮服的日本樹蛙，不間斷地吹奏著，牠們的樂聲響亮，從二至十月，幾乎每晚牠們都忙著在園區內巡迴演奏，而莫氏樹蛙則像是剛加入樂團的新手，在相同頻率之外，偶爾會奏出不同的調，如同火雞般「呱啊、呱啊」的叫聲，令人莞爾。

· 水石之美

充滿生命力的觸感

太魯閣也是個有觸感的地方。用雙手去摸摸眼前的綠色子民吧！樟樹黝黑的樹幹，那縱深的溝紋就像是歷史的深度與廣度，默默見證那段它們家族慘遭砍伐壓榨的年代，敍述那悠悠歲月裡的人與事，觸感縱深不平的樹幹彷彿記錄著生命頻率，每跳動一次就在樹幹上留下一塊痕跡；九芎的樹幹觸摸起來光滑平順，不枉「猴不爬」的別名，我總喜歡在經過時摸它一把，看看「癢癢樹」抖動它的枝葉；而食茱萸就像一根倒插著的狼牙棒，樹幹上尖銳的突起瘤刺讓人摸它時總得小心翼翼，生怕惹惱了它戳你一下。血桐帶著絨毛且質感粗糙的葉片、太魯閣櫟鋸齒狀的葉緣、構樹紅色黏稠多汁的果實，都會讓你的雙手有著全然不同的觸感。

若你走熱或走累了，就選一塊蔭下的大石頭躺下吧！這是你和地球深層唯一交流的管道，雖然它早已失去在地底的熱度，但正因為平滑光整的岩面透出的涼意，讓你享受一場自然的三溫暖。而你的意識也漸漸模糊，在此小憩絕對是有理由的。

再來，把你的腳浸泡在砂卡礑溪水中，溪水會如繞指柔般的靈動，在你腳趾邊形成一輪小漩渦，依偎徘徊，久久不去。你萬萬沒有想到，摸起來冰冷不帶感情的溪水，竟對你有如此熱烈的回應，因為有它的摩挲，於是你感到的溫度不再是初碰時的冷酷。偶有幾隻不識人類的溪魚會好奇地輕啄你的腳，搔得腳癢癢的。

所以當你有機會來到太魯閣的時候，別忘了帶著你的感官和感覺來，它們都在城市中被灰塵蒙蔽太久了，你也忘記它曾經帶給你許多美好的回憶，像是塵封已久的神燈，稍加擦拭便有驚奇出現。如果你有空來玩，那麼使勁抖掉你身上的灰塵吧！你將會重新認識太魯閣。

人類在地球上生活數萬年，但和悠遠的歷史及自然景觀比較起來，實在是微不足道。除了自然景觀外，文明發展過程中，亦留下許多呈現歷史重要階段的建築類型或景觀上的卓越典範。為了保護並發揚這些資產，聯合國教科文組織訂定《世界文化與自然遺產保護條約》，將自然遺產及文化遺產標準化，以作為全人類共同的資產。截至目前為止，經過審核確定的世界遺產共有一千一百二十一處（資料截止自二〇二一年三月），但由於台灣並非締約國，因此並沒有任何一處被納入世界遺產。不過文化部仍列出十八項台灣的世界遺產潛力點，當作努力及認同的標的。

在地質年代上，台灣是板塊及造山運動的鮮活見證。若要選出其中翹楚，位於東部花蓮的太魯閣國家公園絕對不遑多讓，具有代表

· 長春橋

性。許多住在台灣的人都把花蓮當作無汙染的最後一塊淨土，而淨土中的博愛特區就算是太魯閣峽谷了吧！因為這裡擁有國際知名度，也有鬼斧神工的地貌，尤其對旅行業者來說，風景美又不收門票，再怎麼樣都不會被客訴。

「太魯閣」的深遠意義

太魯閣的意義很多元，它指的可以是峽谷，也可以是國家公園的名稱，更是居住於此的原住民名字。太魯閣以峽谷地形聞名於世。除了高聳峭立的山谷令人震懾外，仔細觀察這裡的岩石，可以發現其中蘊含彎曲的白色或黃褐色線條，每一段都像是寫意揮灑的水墨山水畫。這種「摺皺」地景，其實都是夾在岩石裡的石英岩脈或大理石岩脈，在高溫高壓作用下經過劇烈擠壓而形成的。

· 立霧溪像利刃切鑿溪谷

除了河階台地可見少數沉積岩的蹤跡外，其他大部分都屬變質岩。從閣口到天祥這段中橫沿線，更是觀看岩石的絕佳地段。閣口到九曲洞，大致上以大理岩為主，夾雜布滿麻點的片麻岩；九曲洞到綠水以觀賞綠色片岩為主，片岩因風化或敲擊後，會變成一片片碎屑而得名，慈母橋旁著名的青蛙石，其綠色的背就是標準的綠色片岩，白色肚子則是大理岩，上面的慈母亭使青蛙成了王子，增添不少趣味。

不可小覷的大自然力量

別以為這樣的景觀沒有什麼大不了的，放眼全世界，很難找到這樣質地精純的變質岩峽谷。三百萬年前，太魯閣還是生物聚集的淺海地帶，死去生物遺骸堆積成的石灰岩，變質後成為大理岩，在經過菲律賓板塊與歐亞板塊相互發生碰撞推擠後隆起，於是位在板塊邊緣的台灣便由此形成，在當時可是驚天動地的大事呢！就算到現在，比起同在大陸板塊邊緣的日本及美國西岸，台灣島仍以每年五到十公分的速度不斷增高中，這也是為什麼台灣東部地震頻仍的原因。

要造就太魯閣這樣精采的峽谷，除了「向上提升」的力量外，立霧溪「向下沉淪」的侵蝕作用，也扮演重要角色。大理岩質地細緻，經河流下切作用後不易崩塌，長久以後形成垂直的峽谷，記載了地球引力作用留下的痕跡。

這堂戶外的地球科學課可以從遊客中心開始出發，室內的解說資料詳細說明，更推薦看多媒體放映，雖然看了上百遍，每次欣賞卻仍被感動。

面對多面向的太魯閣，如果只是來到這裡

· 祥德寺

・燕子口

遊車河，看著美景從眼前呼嘯而過，在我眼中簡直是暴殄天物。國家公園之父約翰・謬爾曾說：「你要讓陽光灑在心上而非身上，溪流穿軀而過而非從旁流過。」有機會到這裡就棄車步行吧！只有滴下汗水，才能體會微風拂面的清涼；也只有在涼意逼人時，才能體會陽光的和煦，親身經驗會讓你更認識太魯閣的美。

走步道要循序漸進，切記不可好高騖遠。從天祥到閣口有許多輕鬆可行的步道，我推薦「綠水合流」、「白楊」以及「砂卡礑」這三條步道，各有其特色之處。

望溪谷的最佳地點・綠水合流步道

綠水合流步道前半段是茂鬱的森林，低海拔樟楠科植物的香氣，彷彿被蒸發出來，沁入心鼻，夾帶薄荷般的清涼，卻有發酵後的深沉；許多熟悉的植物，散生在步道兩側。一段三十公尺的短隧道後，乍看之下似乎頗為漆黑，但其實進去不久便能適應，轉個彎便可看見光亮，頗有柳暗花明又一村的味道。別以為在這樣陡峭的岩壁上沒什麼看頭，耐旱的岩生植物生命力在此完全展現。只要有一點點的土壤，它們便可尋得立足之地。台灣蘆竹似羽毛的葉子，隨上升氣流往上翻飛；而車桑子扁平的果實具有薄膜，強風正好成為它們傳播種子最好的媒介。

步道後段又回到森林內。走到日本人立的弔靈碑前，遙想當年在此發生的種種過往，讓人有撫今追昔之感。根據《理蕃誌稿》中記載，西元一九二二年（大正十一年）九月十五日，合流至荖西之間進行橋梁修繕工事時，突然發生地震，造成岩石崩落，而使得當時兩名日本巡查古澤豬一郎及西田榮造墜溪身亡，一九三五年（昭和十年）時，便將這兩位巡查與早先在此殉職的警手秋源一郎及富尾忠三郎共同立碑，以茲紀念。步道最後在合流告一段落，一趟步道之旅約一個小時。

山、水、石的對話．白楊步道

天祥附近的白楊步道全長約兩公里，前身是台電公司施工道路，入口長達三百八十公尺的隧道將白楊的風景與外界隔絕，避免干擾，更是步道全部隧道中最長的一個。從隧道出來後，便可看見瓦黑爾溪，白楊步道是瓦黑爾溪與塔次基里溪的匯流處。而在第三個隧道附近，就轉入塔次基里溪流域，也是峽谷景觀的精華路段。瓦黑爾在原住民裡的意思是「蔓草」，而塔次基里則為「漩渦」之意，從字義便可想像當時的景觀。黑色片岩內所含的絹雲母反射出耀眼光芒，亦可看到許多蝴蝶在步道旁飛舞，為單調的黑色妝點些繽紛的色彩。

來到白楊瀑布前三棧溪與塔次基里溪搶流之處，那萬馬奔騰、轟隆作響的震撼有如一曲壯闊的交響詩，讓人聽得屏氣凝神，震撼胸臆，就算你離開，那股懾人的頻率依然在耳邊迴縈許久，太魯閣峽谷就是靠這股不可思議的力量千錘百鍊而成。

吊橋對面就是隱藏在山中的獨特美景，共分上下三層的白楊瀑布，有陽光時，更有機會欣賞到因噴濺的水氣而形成的彩虹。而在步道盡頭的水濂洞雖沒住著孫悟空，卻是地下水流經岩層上方而由縫隙流出的水幕簾布，美景渾然天成，讓人嘆為觀止。

寶石般的藍綠色河水·砂卡礑步道

而以往叫作「神祕谷步道」的砂卡礑步道，不僅是眾多步道中，外來遊客最容易親近的一條，清澈湛藍的溪水，更是花蓮人戲水的絕佳去處，如今回歸原住民的名稱，依舊有著迷人的風采。

「砂卡礑」原意為臼齒，相傳太魯閣人移居此地時，開墾發現臼齒得名。步道全長四．四公里，沿著砂卡礑溪蜿蜒伸展，前半段的路，在山壁與綠樹環繞中前進。

在第一個開闊處，可以觀察對岸的美麗摺皺。續往前行，可以到溪邊浸泡冰涼的溪水，或是躺在大石頭上聆聽蟲鳴鳥叫。位於步道中間位置的五間屋及三間屋，以往都是太魯閣人的部落所在；而途中經過的攔水壩，則是日據時代所建。

走完這些步道，可不代表你認識太魯閣，過程不只是走路，還要試著打開自己的感官。感官十分多樣，視覺、聽覺、嗅覺、味覺、觸覺，但住在文明社會太久，感官也跟著退化，有時變得痲木不仁或是沒有感覺而不自知。來到太魯閣就是要發現感官的驚豔，找到感動的可能。

· 白楊瀑布

永續經營的平衡考量

對於這樣的世界級景觀竟然不收門票這件事，我是挺有意見的。國外的國家公園大多採取使用者付費制，進入園區也需要購買門票，而門票多半是「貴鬆鬆」（台語，非常昂貴之意），但造訪的人並不因此減少，反而多半都是懷抱著「我總有一天要去」的豪情壯志。

人是奇怪的動物，免費的東西就不懂得珍惜，具稀有性、限量性的東西大家就視如珍寶。就算因為德政不收自己人的錢，至少也跟外國觀光客收一下吧！收來的這筆費用便可運用在國家公園的保育經營及自然教育推廣工作上。園區內道路愈來愈平坦，並不意味著國家公園經營的成效，充其量只是多了些走馬看花的遊客罷了。

如果能針對進入國家公園的遊客收取合理費用，再將這筆費用用於加強解說活動及調查研究，相信可以解決部分國家公園保育工作的窘況。讓民眾因為花美而下馬聞香，才是國家公園的最大成就，才會有更深度的旅遊。

· 水簾洞

新中橫

踏山尋梅，共度好時光

其實要看清山的真面貌，身處山頂反而無法窺見，
當局者迷，旁觀者清，
有時候保持一點距離，山的容貌會更美。
來到這片好山，與其開車在公路上，
不如捨車步行，看看能從大自然得到什麼啟示與感動。

第一日
北門車站 → 阿里山森林鐵路車庫園區 → 阿里山森林遊樂區

第二日
塔塔加 → 麟趾山步道（觀看玉山群峰） → 夫妻樹 → 觀高 → 東埔

第三日
雙龍瀑布七彩吊橋 → 風櫃斗賞梅

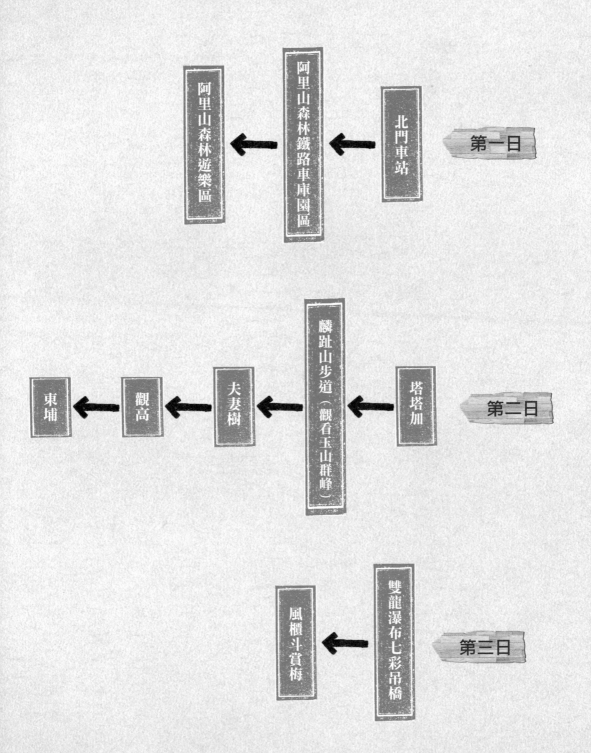

被掠奪的林場

還沒上阿里山前，可以先到嘉義的森林鐵路車庫園區參觀，這裡簡直就是阿里山小火車的博物館，擺放了包括蒸汽火車、柴油機車、客貨車廂等收藏，不僅鐵道迷樂不思蜀，一般參觀者能跟這些曾經行駛的火車真實近距離接觸，也是內心澎湃。

日本人對於林業資源開發，分為公有與私有，在西元一九二二年以前（大正十一年）大多都仍為私營，阿里山林場為公營林場之始。日據時代所採取的砍伐方式為「擇伐」，從一八九九年發現阿里山檜木開始，到一九四五年台灣光復為止，合計砍伐台灣檜木四百二十萬立方公尺，相當於占地五千坪，樓高八十層的摩天大樓。

光復初期，政府為了經濟發展，賺取外匯，聽從美國林業專家的建議，採取了「皆伐」，由於政府大量砍伐，加上盜林、濫墾，使得檜木數量急速減少。當時阿里山及嘉義從事林業相關工作的人相當多，而大大小小的製材廠，也曾至數百家，成為台灣木材大集散地。

阿里山除了出產品質優良的檜木之外，另外像扁柏、亞杉、鐵杉、松等林木，也是當時重要的木材種類之一。但也由於大量砍伐，日本人為求心安，也平撫伐木工人的人心，蓋了一座為供奉樹靈的日式「樹靈塔」，也為阿里山的伐木史留下見證。

砍伐下來的樹材，為人類生活提供了許多用途，而沒帶走的樹根頭遺留在原地，依舊如同生前死命抓著大地，但腐朽的部分早已成為苔蘚或蕨類附著的家，各式各樣不同的形狀，像是象鼻木、金豬報喜等等一看就懂令人莞爾的酷似造型，或是必須靠自己觀察，讓人激發無窮想像空間的解讀造型，反而成為遊走園區裡的一種樂趣。

・樹靈碑

阿里山、八仙山及太平山，號稱日據時期台灣三大林場。自一八九五年台灣割讓給日本後，台灣總督府為加強對台灣林業資源的開發和壓榨，隔年便開始從事台灣林業資源之調查。一九一四年，日本人耗鉅資修築了一條從嘉義直達阿里山，長達七十一．四公里的森林鐵路，開始有計劃地掠奪台灣森林資源。

早期要到阿里山別無他途，只有搭乘小火車，阿里山小火車是世界少見的登山鐵道，說它小，是因為軌寬只有標準軌的一半，故而被稱為五分車，之字型的登山設計、螺旋狀的盤道，都是為了克服陡峭的地形而設計的，直到一九八二年阿里山公路興建完成後重要性才大減，但現今保存的價值不是交通運輸，而是難得的文化資產，神木或櫻花樹前的紅色車頭身影，早已成為阿里山的無形商標。

歷史的見證者．阿里山神木

看了這麼多的殘缺美，絕不能錯過的當然是園區的主角：阿里山神木。以前的童謠裡：「一二三，到台灣，台灣有個阿里山，阿里山上有神木，我們明年回大陸。」雖然始終搞不懂神木和回中國有什麼關聯，但顯然神木就是台灣不可或缺的地標，早期神木因中空腐朽被放倒，如今取而代之的香林神木，屹立在迷霧森林裡，依舊讓遊人讚嘆。筆直而挺拔的柳杉林，是當年砍伐後普遍種植維持水土不流失的人工林，陽光穿過縫隙射出一道道的光束，也是我認為此地最美的風景之一。

當然，阿里山的美絕對不僅止於此，日出、晚霞、雲海、森林、火車，號稱阿里山五奇，多變的氣候、複雜的地形，使得這裡一年四季

▲以往行駛阿里山的中興號火車　　▼如明鏡的姊妹潭

雙龍瀑布

景色變化多端。阿里山雖然不是國家公園，是屬於林務局管轄的國家森林遊樂區，但在日據時期的規劃中，除了林業外，此處的美景早就已經引起注意。日本於明治維新後，積極在各方面學習西方制度，隨著全世界第一個國家公園：美國黃石國家公園成立，保育的觀念也在先進國家普遍開展，日本亦不落人後，除了在本土推動外，於殖民地台灣，也從霧社事件平定後，將原本居住在山上的原住民大量遷移下山，把台灣山區的美麗景色轉變為觀光資源，並在一九三五年開始推動了國立公園候補地計劃，分別在北、中、南成立了大屯國立公園、次高太魯閣國立公園以及新高阿里山國立公園候補地，可惜兩年後中日戰爭爆發，在資源挹注中國主戰場的背景下，國立公園的設立計劃便宣告暫停，新高阿里山國立公園候補地被劃分為玉山和阿里山兩塊，一九八二年玉山一帶成立「玉山國家公園」，阿里山直到二〇〇一年，才終於設立「阿里山國家風景區」。

塔塔加．匯聚靈氣之地

阿里山的日出和雲海更是一絕，但並不是每次來都保證看得到，我就聽過有人上來阿里山多趟，卻始終無緣瞥見這顆會跳出來的太陽，也是考驗一個人的人品。不過大家有所不知，都說看阿里山日出，但真相其實是站在阿里山看玉山的日出。

沿阿里山公路往塔塔加（TATAKA），就來到玉山山脈，以塔塔加為起點續行便是新中橫公路，政府原本計劃以塔塔加為中心興建三條公路，分別通往阿里山、南投水里及花蓮玉里，前兩條公路目前都已經完成，但沿線風化強烈，岩石脆弱，每當颱風過境，總會造成山崩或者土石滑動，每年都得耗費許多經費維修；再加上公路帶來人類活動，阻絕動物垂直的遷徙方向，或多或少對生態造成了影響。有鑒於新中橫的前車之鑑，塔塔加到玉里段暫時停擺，因為這段地質更不穩定，且生態更為豐富，而道路開發是否有必要凌駕一切自然法則，也值得我們再深思。

塔塔加海拔兩千六百一十公尺，位於玉山山脈與阿里山山脈的交界處，地形上是屬於山脊中低凹的鞍部，塔塔加鞍部更是高屏溪上游楠梓仙溪與濁水溪上游沙里仙溪的分水嶺。在阿里山鄒族原住民的語言中，塔塔加的意思是遼闊、平坦的草原區，另外有一種說法是：這裡曾是水鹿所聚集的地方，鄒族與布農族都互相占有過這塊土地。

· 塔塔加遊客中心

如今要再看到大批的水鹿，早已是不可能的事。塔塔加地區目前隸屬於玉山國家公園，在此建有一座遊客中心，裡頭陳列的資料，能夠讓人更清楚這地區從以往到現在的生態、地質與人文資訊。但遊客中心在接近自然的角色上，扮演的只是輔助的功能，重要的還是要能將自己置身在大自然中，聆聽松濤鳥語，觀看日昇雲起，更能與這片有靈性的大自然融為一體。

登高望遠，見山不是山

我每次來到這裡，都喜歡看國家公園的多媒體簡介，短短的時間裡，不管來的季節為何，都可以看到玉山國家公園內四季的變化，是認識這裡最快的方法。走出戶外，就能看到玉山主峰，山頂的景色當然也隨著季節有所不同，冬天瑞雪降臨時，更能看到玉山戴著白帽的情景。

・有隻山豬在看你！

▲麒麟山頂

▲遠望中央山脈

▲積雪的玉山北峰

要攀登台灣第一高峰的玉山主峰起點也是從此開始。對於無法攀登的人來說，這裡大概是解饞最好的地方；而對於曾經到過的人，登山時的點滴回憶，又重新浮在心頭。如果你沒有做好準備登玉山，附近也有許多角度讓你能遠眺玉山的王者風采。其實要看清山的真面貌，身處山頂反而無法窺見，當局者迷，旁觀者清，有時候保持一點距離，山的容貌會更美。來到這片好山，與其開車在公路上，不如捨車步行，看看能從大自然得到什麼啟示與感動。

海拔兩千八百五十四公尺的麟趾山是個好選擇，來回的路程路面十分好走，唯一要克服的是高海拔地區的稀氧狀態，沿途的大鐵杉枝葉繁茂，樹型優美，看望著過往健行者，健行者也得到大鐵杉枝條溫柔的庇護，登上山頂，往西看是來時路的阿里山山脈，向東看則是層層疊疊的玉山山脈和中央山脈，台灣三大主要山脈，不可思議地在這個彈丸之地盡收眼底。

若你認為自己不是仁者，無法樂山，也千萬別氣餒，輕鬆將車開往新中橫公路一百三十九・四公里處，這裡便能不費吹灰之力遙望玉山群峰，甚至還能看到玉山北峰的氣象觀測站，雖然爬不到玉山，但望著眼前的巍峨高聳，已讓人感動莫名。

梅之鄉・梅子香

過了塔塔加，高度逐漸下緩，這裡屬於南投信義鄉，信義鄉號稱「梅之鄉」，自然與梅相關的產業，成為全鄉經濟不可或缺的一環。每年十二月下旬至翌年二月梅花盛開時期，信義鄉農會都會和當地產銷班合作舉辦賞梅活動，吸引許多賞花人潮前來觀賞。梅花與蘭花、竹子、菊花號稱四君子，其冬季開花所象徵的堅忍不拔精神，更長久以來成為文人雅士歌頌的對象。

在信義鄉中，以風櫃斗梅樹栽培的面積與產量最多，更居全台灣之冠，雪白的花朵盛開，也讓無法及時上高山賞雪的遊客，多了另一種賞「雪景」的獨特經驗。冬季賞花，到了四、五月梅樹結實累累，梅樹換上青色春裝，每當這段梅子採收期，正是老饕們大飽口福之際。梅子是鹼性食品，可以中和現代人偏酸性的體質，對於幫助飲食消化吸收、增強體力、提高免疫能力、延緩老化、抗病防癌乃至減肥美容都有所助益，是一種非常好的保健食品。

信義鄉的農民十分聰明，將梅子做成不同的食品，從色香味俱全的梅子大餐，到像脆梅、紫蘇梅、酸梅汁、果凍等等的加工品，都讓人垂涎欲滴，就算不是在梅子結果期，依然可以享用梅子酸酸甜甜的滋味。信義鄉農會更研發出多種梅酒，名字逗趣的酒名，像是「忘記回家」、「長老說話」、「山豬迷路」等等，背後都有與當地文化結合的故事，利用現代具創意的行銷手法，成功將傳統產業注入新生命，也在市場打出一片江山。

除了梅子之外，信義鄉另一種特產水果是葡萄，每年六到八月，十一月到隔年一月是產季，紫黑色的巨峰葡萄甜度很高，最好是連著有均勻果粉的葡萄皮一起食用，有句繞口令說：「吃葡萄不吐葡萄皮」，這可不是玩笑話，因為葡萄皮有豐富的花青素，對眼睛保健很好。很多人擔心連皮吃會不會連農藥都吞下肚，這裡的葡萄可都是套袋成長，一來保證食用安全，二來也防止果蠅叮咬影響賣相。

信義鄉是布農族人的故鄉，這裡有許多布農族的部落，每個聚落都豐富地將族群特色呈現出來，布農族被稱為台灣的雪巴族，是十六支少數民族中居住海拔最高的一支。南投有著六座天空步道，是全台灣最多的縣市，最新的一座就在濁水溪上游的雙龍部落，雙龍吊橋橫跨高深的峽谷，吊橋鋪面是鏤空的，而且按照彩虹七彩的顏色依次往瀑布展開，可以看到底下的深谷，對有懼高症的人來說極具挑戰性。

從嘉義翻山越嶺來到南投，走一趟阿里山加新中橫公路，對於台灣的多山地形，以及這片山林曾經發生的故事都會有更進一步的認識，認識愈多，旅行的視野就會有所不同，對於土地的熱愛只會有增無減。

· 雙龍吊橋

· 夫妻樹

母親河的溫柔與暴烈

濁水溪

溪水就這麼一路而下，但水能載舟，亦能覆舟，
在太平歲月裡，濁水溪是土地的母親，
滋養著賴以為生的人們，
但若是碰到天災，她翻臉比翻書還快，
因此沿岸的居民對這條河是又愛又怕……

第一日

八通關古道

・雲龍瀑布

・乙女瀑布

第二日

日月潭 → 大觀發電廠 → 水里車埕林業園區 → 集集攔河堰 → 二水螺溪石硯台

第三日

集集搭小火車至二水 → 二水濁水溪八堡圳 → 西螺大橋 → 西螺延平老街

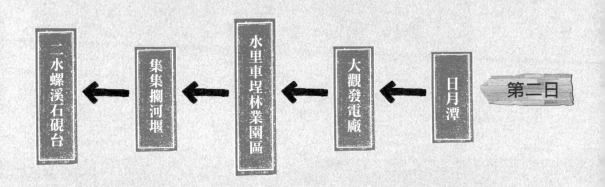

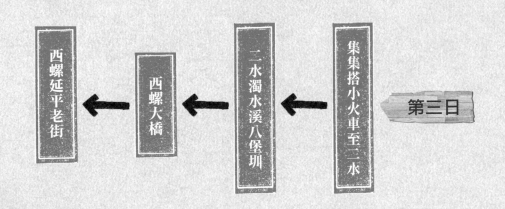

人類的文明發展離不開河流，這可從世界四大古文明都是起源自大河得知，台灣人特別喜歡出國旅行，或許非常熟悉尼羅河是全世界最長的一條河，也清楚其對於古埃及文明的重要性，但談到台灣最長的河流，卻不見得清楚，就算知道是濁水溪，許多人也不見得有正眼瞧過它一眼，不知道是因為覺得外國月亮比較圓？還是近廟欺神的心態在作祟？

濁水溪是台灣最長的一條河流，從上游到下游，擁有不同的地形、農產、氣候、族群，也是台灣南北的分界線，以往政治上的攻防都以「跨越濁水溪」為口號，雖然我們無法像尼羅河一樣可搭船遊歷其上，但沿著濁水溪走一遭，還是可以發掘許多不同的故事。

· 濁水溪上游大曲流

台灣的地形縮影

濁水溪顧名思義因為溪水混濁因而得名，事實上，早期的台灣不只有一條濁水溪，像蘭陽溪以前也叫濁水溪。台灣河流高低落差極大，再加上流經區域破碎岩層極多，河水就像一把利刃，造成上游侵蝕情形嚴重，夾帶大量泥沙到了中下游，因為流速漸緩而形成沖積平原，台灣平原地區今日的面貌大致上都是如此形成的。濁水溪長一百八十六公里，有兩個發源地，一個來自中央山脈的合歡山區，另一個源自於玉山山脈，都是近四千公尺的高山地區，所以平均每流一公里落差就有二十公尺，這樣的極大落差在上游更是明顯，因此台灣河川上游多峽谷、多瀑布、多深潭，就是這樣的道理。

・田尾花園造景

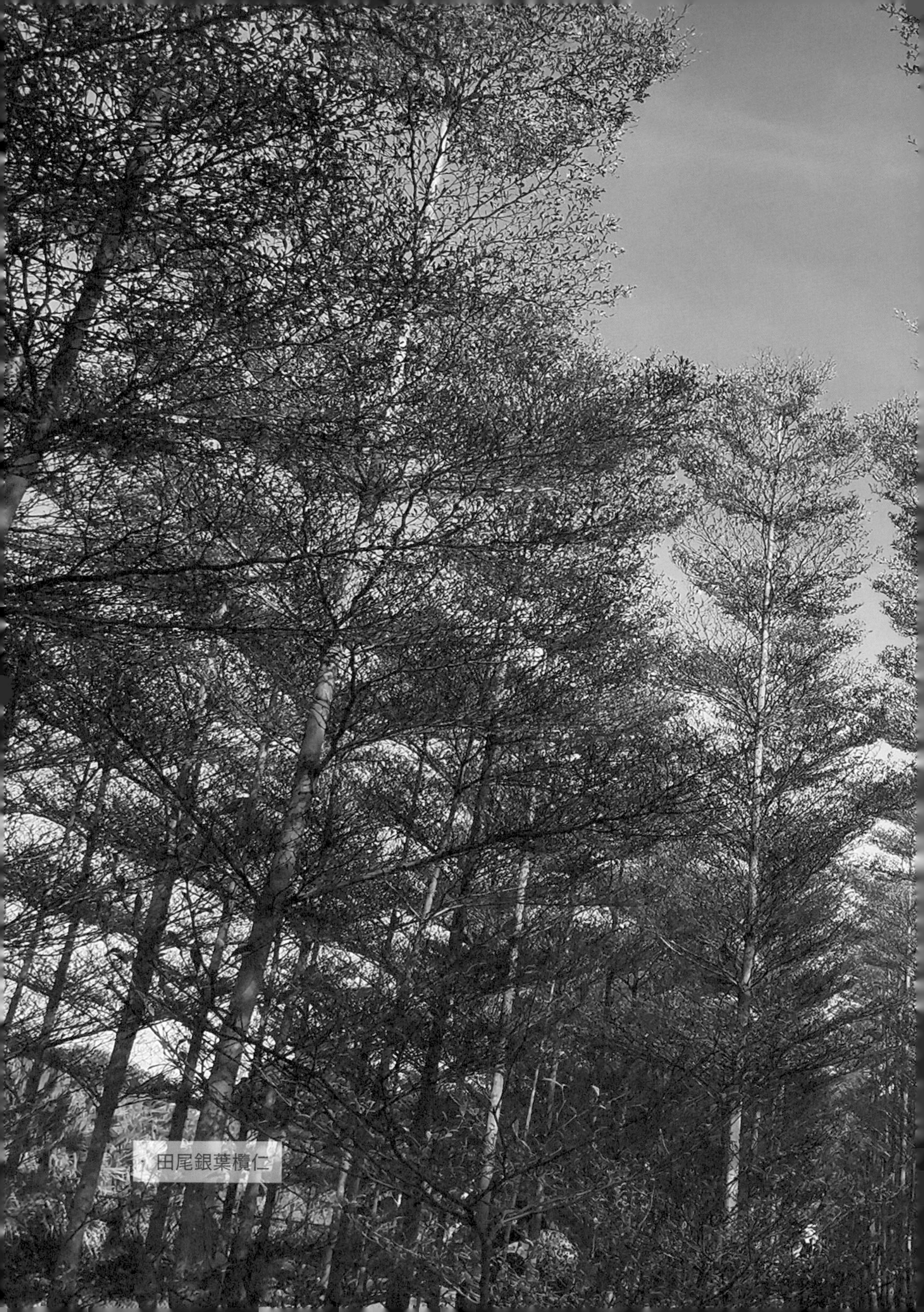

田尾銀葉欖仁

水利發電的功臣

濁水溪不僅是農業之河，也成為帶動台灣經濟發展動能的工業之河。日月潭是台灣最大的湖泊，但很多人都會好奇地問：日月潭到底是天然的還是人工的湖泊？其實都是，原本日月潭分為日、月兩潭，湖水跟濁水溪毫無關連，一九一九年，第七任台灣總督明石元二郎籌組台灣電力株式會社，選定日月潭興建水力發電工程，但因為第一次世界大戰爆發及日本發生關東大地震之故，財務面臨困難，延宕到一九三四年才完工。

日本人在濁水溪上游興建武界壩使水位升高，再利用十五公里長穿山而過的引水隧道使濁水溪水進入日月潭，配合在日月潭的水社壩及頭社壩，放流至慣常水力機組的大觀發電廠一廠，利用高低差進行發電，一九三四年啟用時是亞洲當時最大的發電

廠，一九八五年又興建大觀二廠「明湖抽蓄水力發電廠」，和一廠不同的是改用抽蓄機組發電，利用晚上離峰時間的餘電，將下池的水再抽回日月潭反覆發電，整個日月潭水力發電計畫就是以上游濁水溪為主軸，由高往低建了萬大、大觀、明潭、水里、鉅工及濁水等發電站，光濁水溪的發電就占了當時全部電力的百分之四十五，如今電力來源多樣，水力發電僅占全部發電量百分之二左右，而且受到水量影響極大，通常作為備載發電，已不復見當年舉足輕重的榮景。

當時為了興建電廠運送物資材料，因此日本人從二水開始沿著濁水溪興建了集集線鐵路，集集線現在是著名的觀光支線，但在興建電廠的任務結束後，它曾經又肩負起運送木材的大樑，中央山脈丹大林道的木頭被送到山下的車埕集中，然後再透過集集線與縱貫線銜接，如今在大觀發電廠裡還有一座舊集集線的隧道作為歷史紀錄。

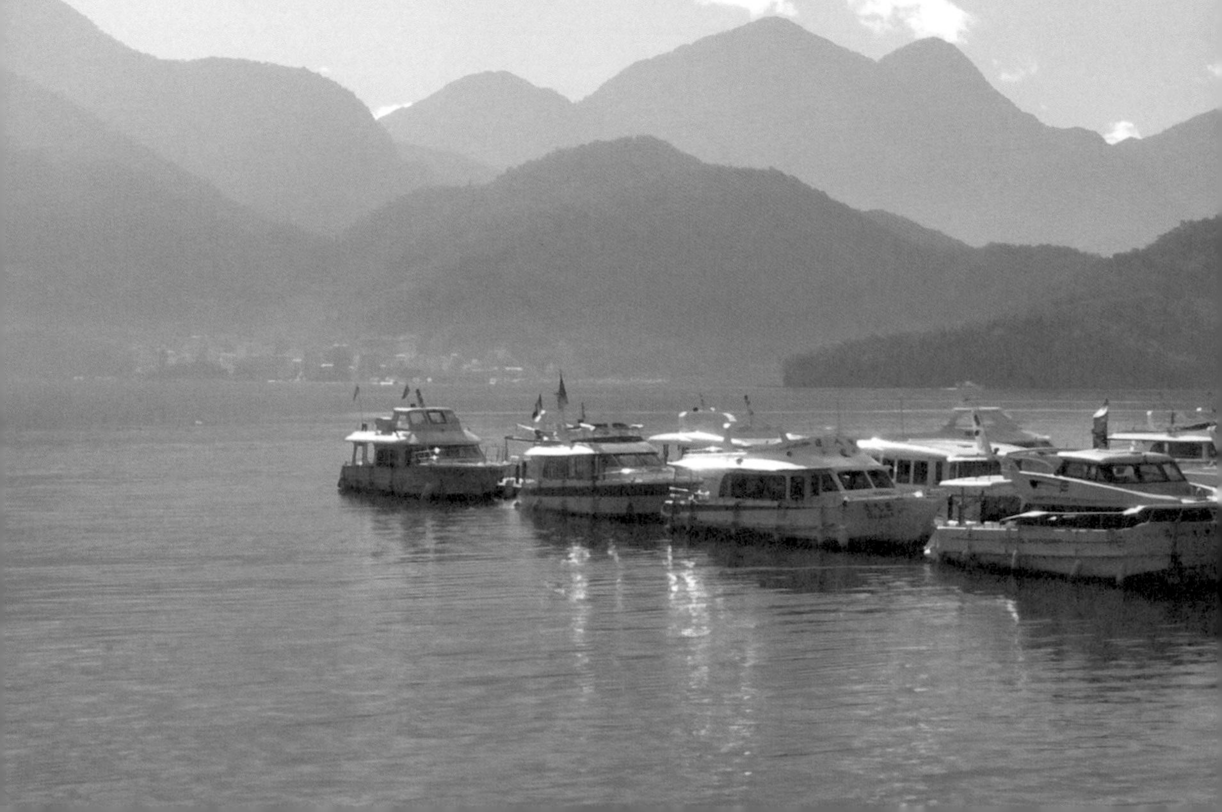

往橫越中央山脈的八通關古道走去，這條古道是清代沈葆楨來到台灣後，為了開發東部、開山撫番所闢建的，八通關位在中央山脈和玉山山脈的鞍部，也是濁水溪的發源地之一：陳有蘭溪，如今的八通關古道有清代與日據時期闢建的，而沿線居住的是台灣原住民族中生活海拔最高的族群：布農族的故鄉。

東埔是今日進入八通關古道的起點，這裡不僅有溫泉，玉山國家公園也修築了步道，可以讓旅人輕鬆的抵達父子斷崖、雲龍瀑布，這裡是觀察濁水溪上游V型峽谷的最佳角度，也是大自然鬼斧神工的最佳見證。

飲水思源，天授的妙計

森林涵養了水源，涓滴成流匯聚而下，早期移民唐山過台灣，胼手胝足在台開墾，水是

・林先生廟

重要的資源，雖然台灣降雨量多於世界上許多地區，但因為地形陡峭，流程過短的關係，降下的雨水並沒有辦法完全截流使用，現在還有辦法利用水庫儲蓄水資源，但早期只有埤塘，如何擴大灌溉的面積，把荒蕪變成良田，又是一個要面臨的頭痛難題。

濁水溪雖然是台灣最長的河流，但因為捉摸不定，曾造成多次的河道變遷，施世榜在康熙四十八年（一七〇九年），從今天南投名間鄉濁水村取水，興建八堡圳，濁水溪是雲林和彰化的界河，為何不選雲林而是彰化？其實是因為地勢的關係，八堡圳的興築，使得同為農業大縣的雲林和彰化從此有了不同的發展，雲林一直要到日據時期八田與一興建嘉南大圳，才得到穩定的灌溉水源，前後發展就差了兩百年的時間。

物・螺溪石

溪中最有名的石頭要屬螺溪石，早在清朝時就已經被拿來製成硯台，不是所有的石頭都能製成硯台，要有不吸水、能發墨的特性，到了日據時代興建縱貫線鐵路興建鐵橋時，日本人將挖出的螺溪石加以雕刻，成為二水著名的工藝，也成為蒐集雅石者的收藏，由於淤積的關係，許多石頭日積月累被深埋在泥沙裡，造成現在的螺溪石奇貨可居。彰化二水的董坐老師，傳承三代，刻出的硯台不僅是實用的文房四寶之一，更已晉升為藝術品被典藏，常被邀請到世界各地去展覽，是另類的台灣之光。

▲八堡圳

▲西螺大橋印記

▲石筍

但濁水溪的河床低於耕地，在沒有抽水馬達輔助的年代，是用什麼樣的方法取水呢？據說當年施世榜苦思對策無解答之際，突然出現一名老翁告訴他，可以用石筍的方法截水，原來濁水溪旁的竹山盛產竹子，用竹子做成大型底寬頭尖的石筍，裡頭塞滿石塊，再用稻草塞住石塊間的縫隙，再將一個個的石筍橫放在溪中，稻草遇水膨脹便能有效阻斷水流，讓水位上升取水，而且尖的部分要對著水流。因為表面積小，遇到洪水時能夠有效地導引湍急水流，不至於將石筍沖走，就算被沖走了，也能在有限經費下快速修補，因為竹子和石頭幾乎都是隨手可得的材料。施世榜欲感謝老翁給他的建議，老翁卻不見了，後來發現他的鞋子就放在兩棵樹中間，雙木為林，所以就建了林先生廟來祭祀他，裡面也有施世榜的牌位供後人瞻仰，彰化二水每年也都會舉辦跑水祭，都是為了表達飲水思源的感謝。

土地肥沃的祕密．濁水膏

有了水，農業得以發展，濁水溪不只有水，從高處往低處流的過程中，隨著夾帶的沉浮物大小，一路留下了石頭、沙子、還有特殊的土膏，這些都為沿岸的鄉鎮帶來不同的產業。濁水溪中段集集、水里一帶，就有許多砂石場，作為提供建築材料的來源。而在彰化田尾、永靖一帶有許多園藝苗木產業，在民國五十七年實施的九年國民義務教育，對於這些位在濁水溪畔的園藝業者，是個大幅超車其他地區的同質業者、只讓別人看得到車尾燈的好契機，因為在九年國教政策下，各鄉鎮廣設國中，產生大量校園綠美化的剛性需求，而被稱為濁水膏的最細微懸浮物，裡頭富含微量元素，不僅肥沃，更因為黏Q保水性佳，對於植物根部的包覆性好，所以在移植搬運的過程中，植物不會失水而死，得以增加種植的成功率，就成為此地業者打敗其他競爭的祕密武器。田尾還有全台灣最特殊的公路花園，不但可以騎自行車欣賞各式各樣的奇木盆栽、花園造景，舉凡與園藝相關的上下游物品這裡都應有盡有，成為一條鍊的產業甚至帶動觀光的聚落。

也因為濁水膏的特殊性質，根據老一輩居民的說法，在此做工的工人們通常都一絲不掛地下水，一來因為溪中含沙量大，衣服摩擦到身體不但不舒服，也容易被勾到產生意外；再者，土膏也會滲入纖維中，俗話說：「跳到黃河洗不清」，跳到濁水溪裡一樣也很難洗得清，所以就算在民風保守的年代，此舉大家也見怪不怪。

流經百年歲月的長河

水就這麼一路而下，但水能載舟，亦能覆舟，在太平歲月裡，濁水溪是土地的母親，滋養著賴以為生的人們，但若是碰到天災，濁水溪翻臉比翻書還快，性情暴烈毫不留情，洪水沒收良田，生命財產也受到威脅，歷史上距今最久，有文字記載的是發生在一八九八年的戊戌水災，造成重大的損失，因此沿岸的居民對這條河是又愛又怕，紛紛興建辟邪物來避災保平安。雲林西螺就有一座建於清朝時期，至今是全台最大的石敢當，碑石上面是獅頭，口中含著寶劍朝向濁水溪，碑上刻有「泰山石敢當」五個字，但仔細一看，「泰」字少了一點，「石」字多了一點，就是希望水少一點，石頭重量多一點來鎮制洪水，也由於濁水溪是台灣最長的河流，所以石敢當自然也要比一般的來得大才能達到效果，以今日科學觀念來看不知道是否有效，但卻給了沿岸居民心理上的慰藉，也象徵人類對於大自然還是有一定的崇拜與畏懼，不像現在天不怕地不怕地破壞環境，至今為止，大自然依舊不定期打臉人類的自大。

以前濁水溪也硬生生截斷台灣南北的交通，要越過湍急的溪流，只有搭船，不像今日有許多可供跨越的橋梁，而有船可搭的地方，自然形成熱鬧的市鎮，像是竹山、北斗、西螺都曾經是渡口，西螺也因為濁水溪的富饒造就了著名的濁水米和醬油，延平老街的東市場還販賣彷彿乘著時光機來的物品，還有跨越濁水溪的第一座公路橋梁：西螺大橋，西螺大橋的橋墩是日據時代所安置，後來由於太平洋戰爭爆發，缺乏鋼材導致工程停擺，到了台灣光復後，在美國支應鋼材下終於興建完成，如今跨越濁水溪的橋梁不知凡幾，西螺大橋依然有它的特殊時代意義。

濁水溪這條台灣母親之河，由於上游的水源被層層攔截，到了出海口時所剩無幾，每當東北季風颳起時，乾涸的河床總是北揚起陣陣風沙，出海口被稱為風頭水尾的麥寮居民苦不堪言。走一趟濁水溪之旅，也是一趟歷史與地理的真實現場重現。

・武界水管橋

我們的林場

太平山

坐上蹦蹦車，沿著原本是山地運材軌道行駛，
陽光忽隱忽現地由樹林縫隙灑下，
廢棄的鐵道上長滿綠色的青苔，
綠絨絨的十分療癒，
天晴時還可見雪山山脈的聖稜線，
太平山像是天然的調色盤，揭露出季節的顏色。

第一日

羅東林業園區 ← 羅東文化工場 ← 天送埤車站 ← 樂水部落

第二日

翠峰湖 ← 太平山 ← 茂興懷舊步道 ← 見晴懷古步道 ← 鳩之澤溫泉

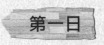

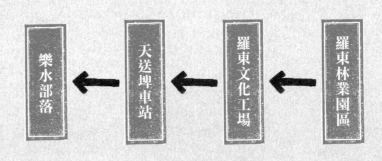

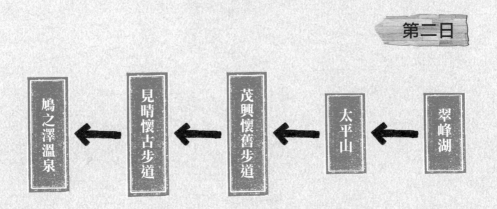

車行穿過雪山隧道，寬廣的蘭陽平原映入眼簾，知曉宜蘭地理的人都了解，蘭陽平原東部靠海，其他三個方向被雪山山脈及中央山脈包圍，蘭陽溪橫亙其中，分為溪北與溪南，溪北最大的城市是宜蘭市，不僅是縣治所在地，也是宜蘭縣的文化政治中心，溪南最大的城市是羅東，城市風貌為商業經濟為主，不但如此，羅東更是全台灣最小的鄉鎮市，面積僅有十一平方公里，為何如此小，卻又是宜蘭最熱鬧人口密度最高的地方呢？翻閱羅東發展的身世，就不得不要說到太平山的開發歷史了。

人類森友會

太平山砍伐下來的木頭，原本利用人力木馬道順山勢滑下後集中在土場，然後再利用蘭陽溪河水拋流運送木材，送往宜蘭員山的貯木池，但台灣河川豐水期及枯水期水位相差極多，再加上河中多石頭，往往造成珍貴木材因碰撞產生損毀，日本人又在蘭陽溪築水壩進行水力發電，經種種的考量下，便在一九二一年開始鋪設了從土場到羅東的太平山平地鐵道。

在選擇路線時，勘察了蘭陽溪兩岸的地形，左岸溪北腹地小坡度大，不適合鐵路興建，故屬意右岸溪南的位置，因為這條路線一到三星就是平原，無論興建成本或列車行駛都有利，終點羅東當年只是個小地方，但時任街長（如同今日鎮長）的陳純精有遠見，主動捐出十八甲土地做為太平山林場的出張所及貯木池，因為他知道若是成功爭取到出張所的設置，帶動的是整個產業發展。

林業加工轉運會帶來工作機會，而攜家帶眷前來的員工除了工作，還有居住生活機能的

▲羅東林業園區　▼見晴懷古步道

考量，因此人口的增加必定又會帶動工商各行業的連帶繁榮，像是齒輪鍊條驅使城鎮向前邁進，而羅東也如他的真知灼見，因為太平山的林業，使羅東一舉成為宜蘭縣最重要的商業城市，至今雖然太平山不再伐木，但其地位依舊屹立不搖。為了記念陳純精對羅東的貢獻，今日羅東的外環道路就是取名純精路，除了紀念性，更多了一份飲水思源感恩的人情味。

羅東．林業最前線

貯木池現址是羅東林業文化園區，這裡的竹林車站距離羅東車站只有八百公尺，貯木池旁的鐵軌上擺放著以前的蒸汽車頭與車廂，現在綠樹成蔭，但若是在以前，這些樹根本是妨礙作業，從太平山一路運送下來的高級木材暫存在水池中，避免長期日曬龜裂影響品質，

．翠峰湖

而紅檜扁柏本身有豐富油脂，不但泡水不會腐爛，反而可將其中的樹脂稀釋，增加保存期限。以前林業興盛時期貯木池堆滿泡水的木頭，根本看不到水面，而現在是根本看不到完整的木頭，有的也是枯樹頭，反而像日式庭園的枯山水意象，偌大的池面反而成為許多水鳥棲息的處所。以前林業的宿舍變身成為森產館、森活館等開放參觀的地方，讓來這裡的遊客了解以前太平山上曾經發生過的故事。

離開羅東林業文化園區後，要上山之前別忘了來看一下羅東文化工場，這棟建築給人的第一印象猶如大型違章建築，外觀看起來奇形怪狀不對稱，也違反建築設計的基本邏輯，不過這座羅東文化工場是在地著名建築設計師黃聲遠的作品，除此之外，他還有雲門舞集、壯圍沙丘遊客中心等代表性作品。一根根的柱子

· 竹林車站

▼羅東林業文化園區貯木池

▲象徵林業繁榮的特殊建築　　▼羅東文化工場

▲天送埤車站　▼蹦蹦車

用的是鏽染法，象徵的是太平山筆直參天的大樹，感覺像是飄浮在空中的展覽廳代表太平山的車站，盤旋而下的階梯以及廣場上的排水槽，勾勒出鐵道從山上而下的意象，當年跨越羅東溪用檜木建造的的歪仔歪橋，也以縮小版呈現在旁邊的公園中，環繞工場旁的大大小小水池，則是羅東林業文化園區的貯木池，站在棚架下仰望鏤空的天花板，黑色的鋼架錯落平行排列，就像是想像自己從貯木池水裡看漂浮在池上的巨大木頭，整座建築骨幹與血液都十分符合羅東這座曾經因林業而繁華的都市血統。

往太平山啟程

平地鐵路從土場出發到羅東，中間共有九站，土場到清水湖都還在山區，過了天送埤後就進入平原，天送埤車站也是僅留下的古早車站建築。土場後的第二站是濁水站，蘭陽溪舊名也叫濁水溪，今日是泰雅族的樂水部落，因為以前有鐵路經過，有車站、電影院、醫院，甚至連大同鄉公所都在這邊，熱鬧不已，但民國六十七年黛拉颱風重創平地鐵路，隨著鄉公所的遷移，鐵路中斷，又沒有公路，成為被遺忘的部落，如今在部落裡唯一留下的遺跡是當年火車經過的隧道，成為大葉鼻蝠的棲息地。

泰雅族是全台原住民中分布最廣的，也算是最剽悍的一支，日本人早已發現深山裡的珍貴林木，但苦於這裡是泰雅族的領域，直到總督府理蕃事業告一段落後，才著手開發。如今樂水部落的泰雅族朋友十分願意張開雙臂，用傳統文化歡迎遊客，舉凡歌舞、射箭、飲食都可以在此體驗，也見識台灣雖小，但文化卻是十分多元的真實樣貌。

▲楓紅步道　▼太平山莊全景

車行過土場後，原為太平山林道的公路就一路攀高到太平山莊，全長二十五・三公里，海拔落差一千七百公尺，景觀變化萬千，從高處往下看，蘭陽溪流蜿蜒在中央山脈與雪山山脈之間，過售票亭沒多遠，就能看到白色蒸氣不斷往天上衝的鳩之澤溫泉，這是我認為台灣泉質最棒的一座溫泉，屬弱鹼性碳酸氫鈉泉，洗完後有滑潤感，所以有「美人湯」的美名。池中的漂浮物不要以為是髒東西，由於溫泉水中含有許多礦物質，因而形成稀有的溫泉天然結晶體，被稱為「湯花」，表示這裡的泉質純天然不受污染，泡完湯還能用溫泉水煮玉米和溫泉蛋，身體和胃都被大大滿足了。

最蓊鬱的山色風光

要上太平山，最好是趕早不趕晚，因為海拔一千五百到兩千五百公尺的這段高度，又被稱作霧林帶，由於白天日照強烈蒸發，在午後特別容易形成霧氣籠罩山區，若是中午過後才到，往往雲深不知處，雖然也別有一番風情，但少了能見度，許多景觀印象自然也就模模糊糊。太平山上有許多條步道，這些步道的前身大多數就是以前的森林鐵道，難易度不一，可以依照自己的體能狀況來選擇。太平山的運輸系統相當特別，除了在等高線行駛的鐵道外，遇到落差大的地方，就採用崛田式索道來銜接，這種由日本技師崛田蘇彌太所設計的索道，把索道的台車車輪設計跟鐵路軌距相同，透過索道運送的台車，可以免多次搬運節省許多人力物力，大大增加林木集材作業的效率。

最有名的兩條步道就是茂興懷舊步道和見晴懷古步道，皆為森林鐵道改建，是老少咸宜的輕鬆步道。茂興懷舊步道必須搭乘由改裝的蹦蹦車前往，坐上蹦蹦車，沿著原本是山地運材軌道行駛，在由柳杉林形成的森林間蜿蜒前行，陽光忽隱忽現地由樹林縫隙灑下，滿滿都是新鮮自然的芬多精；見晴懷古步道更被ＣＮＮ評比全世界最美二十八條小路之一，廢棄的鐵道上長滿綠色的青苔，綠絨絨的十分療癒，天晴時還可見雪山山脈的聖稜線，欣喜之際便知「見晴」地名的由來。

從遊客中心沿著階梯往上，階梯兩旁的紫葉槭，有別於其他秋天變紅的楓葉，反而在每年四月到九月春夏兩季時一片火紅；十月到十一月，台灣山毛櫸步道上的山毛櫸純林由綠轉黃，又是另一波色彩的饗宴，太平山，像是天然的調色盤，揭露出季節的顏色。

來到太平山，也不能錯過大多數人會來的翠峰湖，這是台灣面積最大的一座高山湖泊，彷彿遺世獨立的座落在山林間，也見證了此地的伐木歷史。林務局將翠峰湖規劃為寂靜山徑，除了在視覺上欣賞外，更希望遊人在此地能合上嘴巴，打開耳朵，風吹的聲音、鳥鳴的叫聲、落葉的窸窣，甚至自己心跳的聲音，都能夠奏出獨具一格的自然協奏曲。

回顧那段伐木歲月，許多人責怪當年日本人或後繼的國民政府不懂得愛惜山林，大肆砍伐是破壞保育的劊子手，其實這並不公允，因為在那個年代，這無疑是養家活口的重要產業，為當時求生存的人們提供一條途徑。現在的人們當然更加理解森林的重要性，尤其在台灣，我們又擁有許多生物多樣性豐富、環境變異性大的綠色寶庫，這無疑是人類的瑰寶。

旅行二三事

令人覬覦的林業資源

宜蘭的開發史可追溯至一七八七年吳沙率眾開蘭，其實「開蘭」的觀點是從漢人角度來看，早在漢人前來之際，原本居住在蘭陽平原的是噶瑪蘭人，因此宜蘭的許多地名都與噶瑪蘭族有關，羅東舊名「老董」，據説就是噶瑪蘭族語「猴子」的意思。

到了日據時期，日本掠奪島嶼的資源，森林便是其中最知名也最重要的一塊。台灣雖然有北回歸線經過，同時兼具副熱帶及熱帶季風氣候，但除此之外，台灣因為有櫛比鱗次的高山，高度彌補了緯度的不足，因此隨著海拔攀升，溫度降低，溫帶地區的針葉林亦能生存其間，像是鐵杉、台灣杉、巒大杉等樹種，其中最難能可貴的便是柏科扁柏屬的紅檜與黃檜，黃檜又稱扁柏，因為全世界扁柏屬的植物只有六種，有四種分布在北美、日本溫帶國家，副熱帶的台灣竟然奇蹟似地占有三分之一強，它們生長在海拔一千五百到兩千五百公尺的區間高度，是台灣山林裡的瑰寶，也是世界生態的奇蹟。

日本人當然也深知紅檜與扁柏這些珍貴樹種的價值，所以日據時期台灣北、中、南各有太平山、八仙山及阿里山等林場，太平山屬於中央山脈北段，舊名叫做「眠腦」，意思是森林茂密之處，其伐木歷史較其他兩大林場都來得晚，不過也因為開發時間晚，採用新式的伐木方式及運輸，因此在產量上絲毫不遜色，雖然造就龐大經濟價值，但也造成山林的浩劫。

5

・茂興車站

大三通

被歷史串起的城鎮

這趟行程從大湖到三義，再從三義到通霄，
三個看似獨立不相干的鄉鎮，
卻因為地形的局限，產業的相關，
以及歷史的發展而有了連結……

第一日

烏嘎彥竹林祕境 → 汶水老街 → 午餐 → 大湖薑麻園

第二日

三義挑炭古道 → 午餐 → 上田咖啡（療癒樟樹林） → 通霄神社 → 日俄戰爭紀念碑

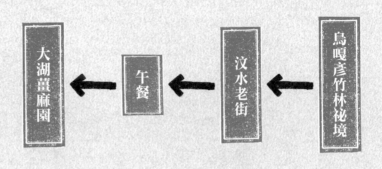

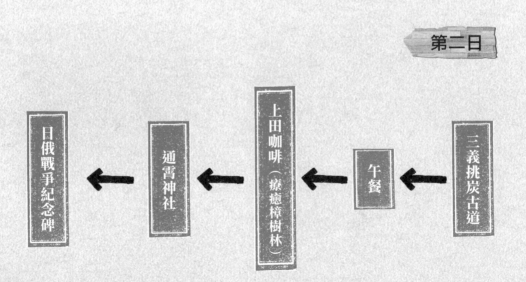

大三通三部曲——

大湖

一般人提到大湖，第一個想到的便是草莓，每到秋冬草莓盛產季節，總會吸引許多人攜老扶幼來摘採草莓，享受田園之樂，這裡也是純正的客家庄，但在客家人進入前，這裡是泰雅族聚居的地方，後來客家人來此開墾，因為從高處看大湖為四面環山的盆地，風吹盆地裡的芒花擺動猶如湖水的波浪，因此命名為「大湖」。

草莓是大湖後期的農產，除鮮採之外，大湖農會還發揮創意，做成像酒、香腸等特色產品，這樣的主題行銷無疑幫大湖打響了名號，但要說在大湖鄉、泰安鄉真正的「原住民」應

該是桂竹了，竹子靠不斷蔓延盤根錯節的地下莖拓展地盤，通常都群聚而生，提供泰雅族生活上的必需，舉凡食衣住行育樂都少不了它，竹筍可以食用，竹節可以蓋房子，竹條可以編織器具，竹片可以做傳統樂器口簧琴，竹子也可以製成紙漿，經過曝曬處理製成粗紙，有一條紙湖古道，就是因為是將生產出來的粗紙運往竹南中港地區，成為製作金紙的原料來源而得名。一根竹子像是變魔術一樣，變化出各樣的用途，這裡居住的人也像竹子的特性：強韌而且適應力強。

獨坐幽篁裡

大湖、泰安等靠山區的鄉鎮也是苗栗產桂竹筍的重地，到了盛產季節，幾乎每家餐廳都能吃到鮮美的竹筍。往山上走，林相優美的桂

· 烏嘎彥竹海

・媲美嵐山竹林小徑

竹林在風的吹拂下，像一支支漂亮的綠色羽毛搖曳生姿，也由於桂竹枝繁葉茂，陽光就算進得來也是稀稀疏疏，而且竹子地下莖有排它性的植物鹼，因此竹林裡通常很難有其他植物的生長，因此在景觀上也自有迷人之處，往往看到時就像是一片竹林海洋，數大便是美。

烏嘎彥竹林就是眾多竹林中最著名的一段，其實往烏嘎彥的山區道路上都可以看到成片的竹林，但烏嘎彥的意思就是靠近天空的地方，所以海拔較高，開發較少，再加上這片竹林祕境的出現，是因為地主乃是一位退休的警察，經過整理後，不藏私地開放給大家。其實很多人對京都嵐山的竹林小徑印象深刻，錯落有致的筆直竹林，在步道兩旁用整排的竹籬將地上的雜亂遮蔽起來，就成為世界著名的景點，檢視我們自己的景點資源，其實一點也不輸日本，差別在於少了好的管理。

烏嘎彥竹林小徑雖然不長，大約兩百公尺，但園主特別開了一扇小門，可以進到竹林裡，不過建議真的不要假日來，因為山區道路狹窄，會車困難，更重要的是人一多，就完全無法體會獨坐幽篁裡那份清靜的感覺了。

一品客家傳統佳餚

下山後便來到汶水老街。這裡相較台灣其他老街有些許落寞，但由於早期獅潭、泰安、大湖地區前往苗栗的交通樞紐與貨物集散地就是在這裡，因此也曾有過繁華歲月。汶水老街緊鄰汶水溪，「汶水」的意思就是客家話的「濁水」，汶水溪是苗栗重要河川後龍溪的上游。

老街最著名的特產是看起來貌不驚人的「豬膽肝」，一片片黑漆漆看起來還發霉的膽肝是此地客家人的傳統佳餚，將膽肝、香腸、臘肉和蒜苗炒上一盤，下酒、配飯都讓人齒頰留香，膽肝通常是入冬之後製作，用鹽把豬肝脫水醃製一週並濾去血水，洗淨後用高粱酒、滷鹽、蒜等醃漬，再讓豬肝曬著暖暖的太陽和九降風晾乾，可延長保存期限，也可以看出客家人惜物的精神。

薑麻園．漫步雲端之上

台三線貫穿大湖市區，過了市區不久，就可以看到１３０縣道，這條蜿蜒的山區道路，連接大湖到三義，是假日熱門的自行車和重機騎乘路線。而位在大湖鄉和三義鄉交界處的薑麻園，也是整條公路的制高點，海拔高度不到九百公尺，卻是賞雲海的好地方，登上最高處聖衡宮的瞭望塔，天氣清朗時往東可將雪山山

· 樹冠光影

▲薑麻園雲海　▼苗栗八景：虎嶼觀潮

脈一覽無遺，往西可看到關刀山、火炎山甚至台灣海峽，往北可觀苗栗及公館一帶，往南可看到卓蘭、東勢、后里等大安溪沿岸區域。

為什麼薑麻園海拔不高卻能常常瞥見雲海呢？原來南邊的大安溪是關鍵，大安溪是台中和苗栗的界河，也是台灣氣候的分水嶺，行經中山高速公路北上時，跨過大安溪來到三義路段時，絕大多數人應該都有看過「進入霧區請小心駕駛」的提醒，就像從冰箱裡拿出玻璃杯一樣，碰到外頭的暖空氣，杯面往往凝結形成水珠，在春、秋交替季節，冷冽的東北季風和暖熱的西南季風就強碰於此，形成多雲霧的狀態；大安溪也是稻米二收與三收的分界線，大安溪以南稻米一年可以種三期，但實際上因為要休養地力，大部分的農民不會種好種滿，到了第三期也許休耕、種其他雜作，或撒上像油菜花、波斯菊等兼具觀光價值的綠肥作物；大安溪也是甘蔗種植的分界線，台灣多數的糖廠及糖業都是在大安溪以南。

很多人看到薑麻園的名稱以為是一間農莊，又或誤以為薑麻園種薑又種麻，其實薑麻是客家話「薑母」的意思，坐在原本豬寮改建的咖啡館裡，點一杯別具風味的薑汁撞奶或薑汁咖啡，坐看雲起時，頗有成仙騰雲駕霧之感。

大三通三部曲——三義

沿著130縣道來到山城三義，此處因為被關刀山系及火炎山系左右夾擊，所以市街發展呈現長條型，火炎山系有兩條古道，一是挑鹽古道，另一條是挑炭古道，通霄所生產的

· 成排宮燈守衛著通霄神社

鹽，被挑至不臨海的三義來販售，因三義相思樹多，而相思樹特別適合燒製木炭，所以許多木炭窯就地取材，燒製好的木炭同樣要靠人力挑送至車站，運送到城市供應市場需求，在能源不夠多樣化的時代，家境許可的才有能力燒炭，時空背景不同，東西的價值與用處也會隨時代更迭，挑炭古道同時也是五月欣賞油桐花的好地方。

樟樹的多重價值

三義除了相思樹、油桐樹多之外，樟樹更是繁多。日據時期，森林、茶葉、樟腦及蔗糖是台灣輸出的重要產業。台灣從清朝開始就設腦務局，到了日據時期更是大量開採，只能專賣不能私製，為什麼樟腦這麼重要呢？絕對不是為了除蟲使用而已，因為處在熱帶的台灣，病蟲害比溫帶的日本來得嚴重，原因是樟腦乃是製作火藥的原料，而在塑膠製品還沒發明的年代，樟腦也可提煉製造賽璐璐，底片、桌球都是賽璐璐製成的產品。

三義的雕刻之所以興盛，其實也是後來提樟煉腦後留下的樟樹頭，並經由工匠獨具慧眼，巧奪天工的刻畫，雖然原料具備，但如此多的匠師又要去那裡尋找呢？其實三義的雕刻師傅多半來自於火炎山另一邊的通霄，因為通霄有座知名香火鼎盛的拱天宮白沙屯媽祖，在以往，唯有廟宇有能力購買大型雕刻，而且雕刻講求的就是將神像雕刻的維妙維肖，台灣著名的雕刻藝術家：朱銘，就是出身於通霄，師承楊英風，學習了西洋雕刻技術，加以融會貫通後，成為獨樹一格的朱銘風格，到這樣子的境界已是藝術家，而非匠師。

過了火炎山就離靠海的通霄不遠了，這邊有座上田咖啡莊園，來到這裡真的有種山窮水盡疑無路，柳暗花明又一村的感覺，誰也料想不到這邊竟然還有一片桃花源，其實莊園擁有的不是桃花，而是一片樟樹林，比起種了許多外來種植物的庭園，這裡更多了種樸實之美，粗糙樹幹上的縱溝，刻畫出歲月的痕跡。

大三通三部曲——通霄

喝杯咖啡，賞過綠意，調整自己的腳步，來到通霄市區。此處有座虎頭山，留有兩項歷史古蹟，實屬難能可貴。半山腰處是一座神社，日據時期，日本人為推動同化運動，在全台各

· 薑麻園內的紅肉李

地興建神道教的神社，他們多半選擇依山而建，在台灣光復之後，有些被拆除只剩遺跡，有些則轉型為忠烈祠使用，通霄神社原本的拜殿已然消失，取而代之的是類似閩南式建築的改良版磚房，屋脊上圓形的青天白日國徽，說明了這裡也曾經被作忠烈祠使用，如今只作為偶爾開放的當地小型藝文展覽空間。

這座被列為苗栗縣定古蹟的神社，也在建國百年被選為台灣宗教百景之一，拜殿前的鳥居門依舊屹立不搖，帶領來到這裡的遊客追本溯源它的身世，參道上的宮燈上也記錄著捐獻者的單位，宗教建築不是隨便興建的，一磚一瓦除了講究外，更有它隱喻的意涵，整排的宮燈就像戴著斗笠的日本武士在守衛著神社，在鳥居旁邊，也放了一面繪馬牆，讓來訪的遊客寫上自己的心願祈福，營造出彷彿身處日本的氛圍。

▲虎頭山觀景　▼通霄神社

戰爭留下的傷跡

從半山腰爬到山頂也非難事，約莫十來分鐘即可登頂，因為虎頭山海拔只有區區九十三公尺，高度雖不高，但是「虎嶼觀潮」也是昔日苗栗八景之一，虎嶼指的就是虎頭山，從海上望來就像是一座漂浮的島嶼，觀的潮便是台灣海峽不斷拍打上岸的白色浪花，通霄火力發電廠以及海上風電的大風扇是最明顯的景觀。山頂是座船錨與炮管意象的紀念碑，上頭的字寫著「台灣光復紀念埤」，不知道是哪位仁兄把紀念碑變成紀念埤，而原本的字樣很明顯可看出塗改過的痕跡，這座紀念碑是日據時期的「日俄戰爭」紀念碑，日俄戰爭與台灣有什麼關聯呢？原來一九〇四年的日俄戰爭，俄國調動波羅的海艦隊馳援遠在東方的戰場，船艦經

· 日俄戰爭紀念碑

過台灣海峽時據說被在苗栗虎頭山的通信兵發現通報，因而讓日軍掌握先機，後來殲敵致勝，因此特別在此設置紀念碑以茲紀念。是真是假已不得而知，但日俄戰爭的勝利確實使日本進入列強之林，接收了俄國在中國東北的權利，因此野心大增，對往後世界局勢產生了決定性的影響，站在山頂，望著潮來潮往，古今多少事，都已盡付笑談中。

這趟行程從大湖到三義，再從三義到通霄，翻越了關刀山與火炎山系，這三個看似獨立不相干的鄉鎮，卻因為地形的局限，產業的相關，以及歷史的發展而有了連結。走一趟大三通之旅，用不同角度切入，竟也有不同風華。

· 樟樹林

慢旅。台灣

尋味訪古

跟著深度旅行家馬繼康遊台灣

作者　馬繼康
編輯　藍匀廷
校對　藍匀廷、蔡玟俞
　　　馬繼康
美術設計　劉錦堂

發行人　程顯灝
總編輯　呂增娣
資深編輯　吳雅芳
編輯　藍匀廷、黃子瑜
　　　蔡玟俞
美術主編　劉錦堂
美術編輯　陳玟諭、林榆婷
行銷總監　呂增慧
資深行銷　吳孟蓉
發行部　侯莉莉
財務部　許麗娟、陳美齡
印務　許丁財
出版者　四塊玉文創有限公司

總代理　三友圖書有限公司
地址　一〇六台北市安和路二段二一三號四樓
電話　(02) 2377-4155
傳真　(02) 2377-4355
E-mail　service@sanyau.com.tw
郵政劃撥　05844889 三友圖書有限公司

總經銷　大和書報圖書股份有限公司
地址　新北市新莊區五工五路二號
電話　(02) 8990-2588
傳真　(02) 2299-7900

製版印刷　卡樂彩色製版印刷有限公司

初版　二〇二一年五月
定價　新台幣三六〇元
ISBN　978-986-5510-74-9（平裝）

SANYAU
http://www.ju-zi.com.tw
三友圖書
友直 友諒 友多聞

國家圖書館出版品預行編目(CIP)資料

慢旅。台灣：尋味訪古：跟著深度旅行家馬繼康遊台灣 / 馬繼康作. -- 初版. -- 臺北市：四塊玉文創有限公司, 2021.05

面；　公分. -- (讀旅行；64)
ISBN 978-986-5510-74-9(平裝)
1.臺灣遊記

733.69　　110005443

廣　告　回　函
台北郵局登記證
台北廣字第2780 號

地址：　　　　縣/市　　　　　鄉/鎮/市/區　　　　路/街

段　　　巷　　　弄　　　號　　　樓

SANYAU

三友圖書有限公司　收

SANYAU PUBLISHING CO., LTD.

106　台北市安和路2段213號4樓

SANYAU
三友圖書
讀書俱樂部

「填妥本回函，寄回本社」，
即可免費獲得好好刊。

\ 粉絲招募歡迎加入 /

臉書 / 痞客邦搜尋
「四塊玉文創 / 橘子文化 / 食為天文創
三友圖書——微胖男女編輯社」
加入將優先得到出版社提供的相關
優惠、新書活動等好康訊息。

四塊玉文創×橘子文化×食為天文創×旗林文化
http://www.ju-zi.com.tw
https://www.facebook.com/comehomelife

親愛的讀者：

感謝您購買《慢旅。台灣：尋味訪古：跟著深度旅行家馬繼康遊台灣》一書，為感謝您對本書的支持與愛護，只要填妥本回函，並寄回本社，即可成為三友圖書會員，將定期提供新書資訊及各種優惠給您。

姓名＿＿＿＿＿＿＿＿ 出生年月日＿＿＿＿＿＿＿＿

電話＿＿＿＿＿＿＿＿ E-mail＿＿＿＿＿＿＿＿

通訊地址＿＿＿＿＿＿＿＿

臉書帳號＿＿＿＿＿＿＿＿

部落格名稱＿＿＿＿＿＿＿＿

1 年齡
□18歲以下 □19歲～25歲 □26歲～35歲 □36歲～45歲 □46歲～55歲
□56歲～65歲 □66歲～75歲 □76歲～85歲 □86歲以上

2 職業
□軍公教 □工 □商 □自由業 □服務業 □農林漁牧業 □家管 □學生
□其他＿＿＿＿＿＿＿＿

3 您從何處購得本書？
□博客來 □金石堂網書 □讀冊 □誠品網書 □其他＿＿＿＿＿＿＿＿
□實體書店＿＿＿＿＿＿＿＿

4 您從何處得知本書？
□博客來 □金石堂網書 □讀冊 □誠品網書 □其他
□實體書店＿＿＿＿＿＿＿＿ □FB（四塊玉文創／橘子文化／食為天文創 三友圖書 ── 微胖男女編輯社）
□三友圖書電子報 □好好刊（雙月刊） □朋友推薦 □廣播媒體

5 您購買本書的因素有哪些？（可複選）
□作者 □內容 □圖片 □版面編排 □其他＿＿＿＿＿＿＿＿

6 您覺得本書的封面設計如何？
□非常滿意 □滿意 □普通 □很差 □其他＿＿＿＿＿＿＿＿

7 非常感謝您購買此書，您還對哪些主題有興趣？（可複選）
□中西食譜 □點心烘焙 □飲品類 □旅遊 □養生保健 □瘦身美妝 □手作 □寵物
□商業理財 □心靈療癒 □小說 □繪本 □其他＿＿＿＿＿＿＿＿

8 您每個月的購書預算為多少金額？
□1,000元以下 □1,001～2,000元 □2,001～3,000元 □3,001～4,000元
□4,001～5,000元 □5,001元以上

9 若出版的書籍搭配贈品活動，您比較喜歡哪一類型的贈品？（可選2種）
□食品調味類 □鍋具類 □家電用品類 □書籍類 □生活用品類 □DIY手作類
□交通票券類 □展演活動票券類 □其他＿＿＿＿＿＿＿＿

10 您認為本書尚需改進之處？以及對我們的意見？
＿＿＿＿＿＿＿＿

感謝您的填寫，
您寶貴的建議是我們進步的動力！

【黏貼處】對折後寄回，謝謝。